Post Qualification Personnel System

日本版ジョブ型人事ハンドブック

雇用・人材マネジメント・人事制度の
理論と実践

コーン・フェリー
加藤 守和
Morikazu Kato

日本能率協会マネジメントセンター

はじめに

　昨今、日本企業の「ジョブ型」への関心は高まってきている。日立製作所、富士通、資生堂、KDDI、川崎重工などの大手日本企業が相次いでジョブ型人事制度を導入するとともに、多くの日本企業が追随している。まさに「ジョブ型ムーブメント」と言ってよいだろう。

　この流れを受けて、数多くの識者が様々なメディアで「雇用」「人材マネジメント」「キャリア」等の切り口から見解を示している。これらのなかには、賛同・異論が混在しており、内容や粒度には大きなバラつきがある。例えば、以下のような具合である。

・終身雇用を前提としたメンバーシップ型は限界に来ており、ジョブ型
　雇用が日本企業に求められる。
・ジョブ型雇用は欧米の雇用システムであり、日本では馴染まない。
・ジョブ型雇用を導入すると、雇用の流動性は高まり、中高年を中心に
　リストラがおこなわれる。
・ジョブ型とは、職務記述書を持つことである。　等々

　これらの意見は、正しい部分もあれば、正しいとは言いきれない部分もある。雇用や人材マネジメント、キャリアなどは全てつながっており、ひとつの切り口から説明しきることが難しい。ある断面からだけで説明しようとすると無理が出てくる。特に、日本企業は長年にわたり、世界標準とは異なる独特の人事運用をおこなってきた。この人事運用は日本社会に深く根付いており、一企業の努力で変えられない部分がある。一方で、旧来の雇用や人材マネジメントでは、企業の競争力を維持しきれなくなっている。多くの日本企業は、それらの矛盾を抱えつつ、独自の形を模索している。

　筆者が所属するコーン・フェリーは、人材戦略の立案や実行支援、人

材採用や人材開発、制度構築や組織設計など組織・人事に関するトータルソリューションを提供する世界最大級の組織・人事コンサルティングファームである。特にコーン・フェリーの前身の1つであるヘイグループはジョブ型の核ともいえる「職務評価」の手法を世界で初めて開発した組織・人事コンサルティングファームであり、日本法人でも長きにわたり日本企業へのジョブ型の支援をおこなってきた。

前著『ジョブ型人事制度の教科書』（日本能率協会マネジメントセンター）を執筆していた2020年は、ジョブ型人事制度の導入に対して世間の関心が高かったが、世の中に指針となる書籍もなかった。そのため、標準的な「ジョブ型人事制度のかたち」として、制度論・運用論を広く教科書的にまとめた。しかし、その後、筆者の予想を超えるスピードで識者のなかで雇用やキャリアなど様々な切り口で局所的にジョブ型の議論がヒートアップしており、全体像が捉えにくくなってしまった。

本書は、人事制度という枠組みだけではなく、雇用・人材マネジメントも含めて構造的に解説することで、全体像を明らかにしていきたい。また、海外のジョブ型をそのまま取り入れることを是とせず、日本社会・日本企業ならではのジョブ型のあり方を提示したい。これを本書では、「日本版ジョブ型」と呼ぶこととする。

実際にジョブ型を進めようとすると、最も核となる要素は「職務記述書」「職務評価」となる。これらは、重要な要素であるにもかかわらず、誤解が多い。そのため、丁寧にこれらの要素を解説することにしたい。あわせて、基幹人事制度や人材マネジメントについても、ポイントを解説していく。これにより、導入・運用の勘所などをつかむことができるだろう。

本書では、前著『ジョブ型人事制度の教科書』と重複する部分もある。ただし、より広く、より深く、ジョブ型について考察をすることを目的としているため、ご容赦いただきたい。

いま、様々な日本企業で、ジョブ型に対する検討が一気に進もうとしている。本書は、理論的なバックグラウンドやプロジェクトでの実践知をできるだけ多く掲載している。本書が、日本企業でジョブ型の導入・運用に直面している経営者・人事部門担当者の役に立てることを心の底から願っている。

第 **1** 部
ジョブ型雇用と
日本に適した制度のあり方

第 **1** 章
ジョブ型雇用とメンバーシップ型雇用

第**2**章

ハイブリッド型の雇用と人材マネジメント

第 **2** 部

日本版ジョブ型人事制度の構築と運用

第 **3** 章

ジョブ型人事制度の構築

日本版ジョブ型の人材マネジメント

第 5 章

2 社のケースススタディ

第 1 部

ジョブ型雇用と
日本に適した制度のあり方

ジョブ型雇用と
メンバーシップ型雇用

日本企業でジョブ型が求められる理由

◎5つの背景

現在、多くの日本企業で「ジョブ型」へのシフトが進んでいる。これは、様々なメディアで日本企業のジョブ型人事制度の導入やジョブ型雇用に関するニュースが報じられていることからも明らかなことであろう。日立製作所、富士通、KDDI、カゴメ、オムロン、ソニーなど、名だたる大企業がジョブ型を導入している（図表1-1）。

かつて伝統的な日本企業ではジョブ型を取り入れることは難しいとされてきた。日本の人材マネジメントはヒトをベースに柔軟に組み立てており、職務（ジョブ）を中心に据えた人材マネジメントとは、大きく思想が異なるからだ。

日本企業では、いままでにも、ジョブ型を導入しようというブームがあった。2000年代前半には、成果主義の機運の高まりとともに、ジョブ型人事制度を導入する企業が多く出た。当時は、「職務等級制度」という呼び方であったが、職務価値に応じた適正処遇を実現しようとする動きであった。2010年頃には、日本企業のグローバル進出とともに、再びジョブ型人事制度が広がった。グローバルワイドでの人材配置や報酬ガバナンスを実現することを目的とし、「グローバルグレーディング」と呼ばれた。

このブームの変遷とともに、様々な日本企業で試行錯誤がおこなわれた。そのなかには、残念ながらうまくジョブ型を取り入れられない企業もあった。

1つの典型的な失敗例は、職務記述書の運用だ。従来の日本企業の人材マネジメントは、社員の能力やパフォーマンスの継続性を見て、柔軟に職務の付け替えをおこなう"ヒト"を軸にした人材マネジメントであった。職務記述書は、ヒトとは関係なく"職務"に求められるものを

図表 1-1 | ジョブ型導入企業の一部

ジョブ型導入企業の主な取り組み

日立製作所	2014年	管理職対象にジョブ型導入
	2021年	非管理職にもジョブ型拡大
KDDI	2019年〜	ジョブ型を順次開始 内定時に配属先を決める「WILL採用」比率は 採用者全体の4割
カゴメ	2013年〜	役員→部長→課長と順次、管理職に ジョブ型人事制度の適用
オムロン	2012年	管理職対象にジョブ型人事制度導入
	2019年	管理職から一般職になった後に、再チャレンジする 制度を導入

出所：各種メディア報道をもとにコーン・フェリーで作成

明らかにするものである。従来どおり柔軟に職務の付け替えをおこなう
ヒト中心の人材マネジメントの運用をおこないつつ、キッチリと職務の
定義をおこなう人事制度を混在させる日本企業が多く出てきた。運用と
制度にギャップがあるため、うまくいきようもない。あっという間に、
職務記述書の形骸化が起こり、職務記述書を伴う職務等級制度は、運用
困難な面倒な仕組みという認知が日本では広がった。

　職務記述書だけではなく、ジョブ型人事制度を導入・定着させるため
には、様々なハードルがある。現在、ジョブ型人事制度を導入しようと
する日本企業は、先行企業の苦労を十分に理解している。それでもなお、
多くの日本企業がジョブ型の人事制度を導入しようとしているのだ。

　実際に、コーン・フェリーが2021年春におこなったジョブ型雇用・
人事制度の実態調査では、調査協力企業約120社のうち、約6割の企業
がジョブ型人事制度の導入・検討を進めていることがわかった（図表1-2）。

　特に、1万人を超える大企業では約8割近くにのぼる。いかに多くの
日本企業がジョブ型に対する関心を寄せているかがこの調査によって浮

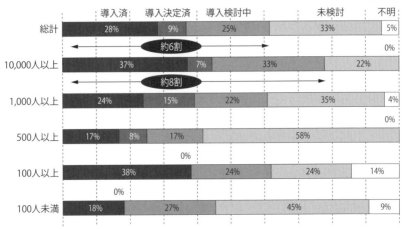

出所：コーン・フェリー　ジョブ型雇用・人事制度の実態調査（2021年）

き彫りになった。

　では、なぜ、いま改めてジョブ型への関心が高まっているのだろうか。筆者は、日本企業がジョブ型を進めていくのに、大きく5つの理由があるとみている。

- ◆ 報酬と職責の不整合
- ◆ 日本企業の低い労働生産性
- ◆ 社員の高齢化と同一労働同一賃金
- ◆ 専門人材の獲得・活用の困難さ
- ◆ グローバルでの多様な人材マネジメント

　これらの理由のなかには、長いこと手をつけることができなかったものもあれば、最近になって注目度があがってきたものもある。もちろん、企業によって課題の優先順位は異なるが、共通する部分も多いであろう。現在のジョブ型シフトの流れを理解するためには、これらを押さえてお

くことが必要だ。

◎報酬と職責の不整合

ジョブ型を日本企業が導入する理由の1つは、報酬と職責の不整合である。ひらたく言うと、やっている仕事と支払っている報酬の釣り合いが取れていないということだ。これは、「そもそも報酬とは、何に対して払うべきか」という問いでもある。

報酬の支給ポリシーは大きく分類すると、「ヒトに対して支払うか（ヒト基準）」「職務に対して支払うか（職務基準）」しかない。

かつて、ほとんどの日本企業はヒト基準の報酬支給ポリシーを持っており、いまだにヒト基準の人事制度のままという企業も多い。ヒト基準の人事制度は、ヒトの能力に着目した職能資格制度という日本独特の仕組みである。これをきちんと運用するためには、会社が必要な能力基準を示し、正しく能力判断をおこなわなければならない。

しかし、これが一筋縄ではいかない。多くの日本企業において、能力基準は様々な職種で解釈可能なものにするため、かなり抽象度の高いものになっている。また、社員に求められる能力も事業モデルや事業環境が変われば、当然変わってくるが、能力基準がアップデートされることはほとんどない。そのため、能力基準自体が、会社の必要な能力を表現しきれてないことが多い。

能力判定は、職場の上司の目利きに委ねられる。上司が能力を純粋に判定できればよいが、情が判断に入り込むこともしばしばある。「長いこと頑張っているから、昇格させてあげよう」といった判断だ。

期待される能力が発揮されなかったとしても、「一度、身につけた能力は落ちない」とされ、降格人事はおこなわれない。結果として、職能資格制度は、年功的かつ上方硬直的な人事運用に陥りがちなのである。

職能資格制度のメリットの1つに、ポストがなくてもヒトを高処遇できることがあげられる。頑張っていれば、ある程度までは会社は「能力はある」と認定し、昇格させることが可能なのだ。これにより、ポスト

につけない社員にも希望を持たせ、中長期的な動機の維持をおこなうことができる。

しかし、この人事運用は同時にデメリットにもなり得る。高コスト体質化になりやすく、組織風土の毀損や人材流出リスクがあることである。

職責より過分な報酬を年功的に払っていれば、高コスト体質化するのは当然だ。会社の事業が右肩上がりで成長しているのであればよいが、そうでなければ高コスト体質を維持しながら競争に勝ち残るのは難しい。

また、あまり貢献度の高くない職務についているベテラン社員が年功的に高い報酬を得る一方で、重要な仕事を担う若手・中堅社員が低い報酬に甘んじざるを得なくなる。これは、次代を担う若手・中堅社員の意欲を大いに低下させるとともに、人材流出のトリガーとなりかねない。

一方で、職務基準の報酬支給ポリシーでは、ヒトではなく職務に基づくこととなる。職務基準の人事制度には、広義の意味では、「職務等級制度」と「役割等級制度」がある。職務等級制度は、個々の職務の職務価値を測定し、職務価値に応じて等級格付けをおこなう制度である。役割等級制度は、役割基準によって簡便的に等級格付けをおこなう制度だ。より職務との関連性が強いのは職務等級制度であり、昨今ではジョブ型人事制度と呼ばれるようになった。

本書においては、職務等級制度をジョブ型人事制度とし、役割等級制度は区別のために、そのまま役割等級制度と呼ぶものとする。

かつては、役割等級制度を導入していた企業も多いが、昨今、さらに職務基準へ踏み込んだジョブ型人事制度（職務等級制度）を導入する企業が増えている。これは、より職責と報酬の関連性の精度を高めていこうとする動きである。役割等級制度は、階層との関連性が強く、肩書に左右されやすい。大企業であれば、同じ部長という階層であっても、その職務規模には大きな幅がある。経営や事業に大きな影響を及ぼす戦略的な位置づけの部長ポジションもあれば、オペレーションが中心の部長ポジションもある。個々の職務ごとの職務規模を反映することで、より職責と報酬との整合性を高めていこうとする動きだ。

ジョブ型を導入する日本企業では、「そもそも報酬とは、何に対して払うべきか」という問いに対して、「職務に対して払う」ことが最も公正であると捉え、ジョブ型導入の主要な目的に据える企業も多い。日本を代表する食品メーカーであるカゴメは、ジョブ型の意義を次のように明示している。

　　「カゴメグループは、2013年度より、従業員の多様化する働き方に対応するため『グローバル人事制度』の仕組みづくりを進めています。この制度は、全世界の従業員が自分に合うキャリアを自分で選択するテーラーメイド型の人事制度で、世界中どこにいてどんな仕事をしようとも公平な基準で評価され公正な処遇を受ける事ができることを目指しています。「『年功型』から『職務型』等級制度への移行（Pay for Job）」、「より業績/評価と連動した報酬制度への改革（Pay for Performance）」、「メリハリを付けた明確な処遇の実現（Pay for Differentiation）」を通じて、日本企業特有の年功的要素をなくしていきます」（出所：カゴメHPより、傍点筆者）

　報酬の公正性を追求すると、職務を基軸としたジョブ型に行き着くことは、自明の理といえるだろう。

◎ 日本企業の低い労働生産性

　日本企業の労働生産性は世界のなかでも低い。日本生産性本部が発表した「労働生産性の国際比較2019」では、日本の労働生産性（1人あたりのGDP）は8万1,183ドルと先進7カ国（米仏伊独加英日）のなかで最下位であり、OECD加盟37カ国中でも26位、平均より下回っている実態が明らかになった。

　労働生産性の低さには、いくつかの要因があるが、ヒトを中心とした人材マネジメントをおこなっていたことも、その1つと考えられる。日本の職場は、ヒトに合わせて仕事を割り振り、その仕事の総和が職場全

体のアウトプットにつながっている。メンバーには報連相が求められ、マネージャーはきめ細やかなフォローアップで組織を運営してきた。個々人の職務の線引きは曖昧であり、柔軟で融通のききやすい点が特徴といえる。この日本のヒトを中心にした人材マネジメントには、いくつかの生産性を低下させるリスクがある。

①職場のパフォーマンスは上司の腕次第

　日本企業では、職場に割り当てられた人材（リソース）で仕事を組み立てることが大前提となっている。そして、その人材は必ずしも職務に習熟しているわけではない。メンバーの能力や特性を見極めて、適正サイズの職務を割り振ることがマネージャーには求められる。

　このヒトを中心にしたマネジメントでカギとなるのは、指揮官であるマネージャーだ。マネージャーには、1つ1つの職務の先々を見通す先見性や、メンバー個々の能力や適性を見極める力、リスクリターンを考えて最適なアサイメントを決める力量が必要となる。この仕事のマッチングに失敗すると、炎上が起きてしまう。リカバリーのために、人材の追加投入などが必要となり、職場の生産性はたちまち低下する。

　「有能なマネージャー」は、メンバーの能力や意向を汲み取り、ストレッチな課題を与えていくことで、職場のパフォーマンスを最大化していく。一方で、「残念なマネージャー」は、深い考えなしに仕事を割り振ってしまう。その結果、手戻りが発生したり、エース社員への過度な依存が起きたりする。職務の明確な線引きがないため、メンバーの担当職務は無限定だ。場合によっては、ブラック職場化するリスクもある。良くも悪くも、上司の腕次第で職場の生産性が大きく変動してしまうのだ。

②「ぶら下がり人材」の出現

　日本企業の生産性を考えるうえで、大きな課題の1つが「ぶら下がり人材」の存在だ。生産性の高い組織とは、メンバーがゴールの達成に向

けて一丸になって突き進むような組織である。一方で、意欲や貢献度が低いぶら下がり人材が多いようでは、生産性は上がりようがない。特に、日本の職場では、不活性な中高年男性をさすことが多く、「働かないオジサン」と称して、問題視されがちである。

なぜ、ぶら下がり人材が出てきてしまうのだろうか。日本特有の意思決定スタイルや責任の希薄化が原因の1つと考えられる。

日本企業では、個々が責任を持って決めていくというより、合議で進めていく「集団意思決定スタイル」で物事を推進することが多い。集団意思決定スタイルは、決まったら一致団結して推進するという良さがある一方で、決定に時間がかかる。特に、先の見えない未知の課題に対応しなければならない局面では、リスク要因が山積みになるため、意思決定のスピードは遅くなる。

この集団意思決定スタイルが責任を希薄化させる。日本企業では、関係する部署やヒトを巻き込み、関与者を増やし、合議によって進めていく。もともと、職務の線引きが曖昧なうえに、関与者が増えていくと、役割分担や責任範囲はより不明瞭になっていく。

ヒトは集団行動をおこなうときに、人数が増えるほど1人あたりの貢献度は下がることがわかっており、「社会的手抜き」とされている。ドイツの農学者リンゲルマンの研究では、1人で綱引きをするときの力を100とし、複数名で綱引きするときの力を測定した。その結果は、5名のときは70%、8名のときは49%まで低下した。

社会的手抜きが起こる理由は主に3つあるとされている。「責任意識の希薄化」「貢献感の低下」「評価・報酬への不満」だ。取り組みに参加する人数が増えると、自分自身が担う責任意識が希薄化し、自分が取り組みに貢献している実感が減る。そして、集団のなかで頑張っても、その頑張りが評価され、報いられることはない。だから、無意識的に手を抜いてしまうのだ。

大企業ほど、この社会的手抜きが起こりやすい。大組織のなかでは、自分ひとりの力が組織全体に与える影響力を実感しにくい。安定的な報

酬が与えられ、雇用も守られている。意欲や挑戦を燃やして周囲と軋轢を起こすよりも、無難にこなしたほうがよいという保守的なマインドも生まれがちになる。まさに、大企業病と呼ばれるものだ。

　このような状況を放置しておくと、組織の生産性は低下する一方だ。

　ジョブ型には、個々の職務の責任を明確化させる機能がある。ぶらさがり人材は、つまるところ、「やるべきこと（責任）が不明瞭」なために出てきてしまう。個々人の果たすべき責任を明らかにすることで、社員の貢献を引き出し、生産性を高めていこうというわけだ。

③物理的な分断による停滞

　全世界をおそった新型コロナウイルス感染症のパンデミックは、企業に物理的な分断をもたらした。物理的な分断とヒト中心のマネジメントは、残念ながら相性がよくない。ヒト中心の丁寧な人材マネジメントはメンバーの報連相とマネージャーの丁寧なフォローアップで成り立つ。

　これは、物理的に職場へ集まることで可能にしていた側面も大きい。オフィスで一緒に働くことで、マネージャーは、メンバーの何気ない言動や表情、出退社の時間など、様々な情報をもとにメンバーの状況を把握することができた。

　しかし、テレワークでは、マネージャーが把握できる情報は限定的にならざるを得なくなる。メンバーの状況をきちんと把握し、きめ細やかにフォローアップするヒト中心の人材マネジメントが困難になってしまったのである。

　本来、職務が明確になっていれば、仕事をする場所はさほど重要ではない。例えば、業務委託のデザイナーに、仕様や期限を決めて発注した場合、その基準をクリアしていれば、どこで仕事をしてもかまわないであろう。ところが、仕様や期限が曖昧で、その時々の状況によって、追加業務が発生するようだと、リアルタイムに意思疎通ができる場所で働いたほうが都合がよい。そのような場合、「オフィスに来て、この時間は一緒に働いてください」となるわけだ。

コロナ禍に直面し、「ジョブ型が一気に広がる」という言説が広まったのは、このためである。テレワークを標準的な働き方とすると、各社員がある程度の仕事の裁量権を持たなければ、効率的に運営できない。逐一、報連相をおこないながら進めるのは、お互いに非効率だからだ。マネージャーは、ある一定のかたまりで仕事を割り振っていく。その仕事の納期や成果水準を合意し、メンバーに任せていくという仕事基準のマネジメントにシフトしていくというわけだ。

　今後、テレワークが日本企業にどこまで浸透するかは未知数である。ワクチンの普及により、オフィスへの回帰を求める日本企業も出てきている。しかし、テレワークは重要な就労条件の1つになっている事実も見過ごせない。特に、ITスキルの高い優秀な人材やデジタルネイティブな若者世代にとって、在宅勤務の可否は金銭報酬に並ぶほど重要な就労条件になり得る。企業の意向にかかわらず、労働市場の競争力を保つためには、テレワークを働き方の1つとして織り込まざるを得ないだろう。

　物理的な分断による停滞は一過性のものではない。物理的分断を一定程度は所与のものとしつつ、生産性を維持・向上していくために、日本企業は真剣に向き合わなければならないタイミングが来ているといえるだろう。

　ここまで、日本企業の生産性について、3つの切り口で問題点を見てきた。共通する点は、**ヒト中心の人材マネジメントが生産性向上の阻害要因になっている**ことだ。

　デジタル化が進み、グローバル競争が激しくなっていくなかで、日本企業が勝ち残っていくためには生産性の向上は欠かせない。ヒト中心の人材マネジメントから脱却するために、ジョブ型が有力な選択肢としてあがってきているのだ。

◎社員の高齢化と同一労働同一賃金

　日本は、少子高齢化が世界でも最も進んでいる国の1つだ。日本の人口推計によると、65歳以上の高齢者が全人口に占める割合が2020年が28.1%だが、2040年には32.8%、2050年には36.8%と増え続けることが予測されている。まさに、日本国民の3人に1人が高齢者という超高齢化社会が目の前に迫っている。

　日本社会の高齢化は企業の意向とは別に、日本政府の雇用政策に大きな影響を及ぼしている。働き手である生産人口が減り、年金や介護・医療補助などの社会保障を必要とする高齢者人口が増えている。税収が減り、支出が増えていくので、社会保障の維持自体が難しくなる。

　日本政府が推し進めるのは、高齢者雇用の促進である。2021年4月に高齢者雇用安定法が改正され、企業には65歳までの雇用確保義務と、70歳までの雇用確保の努力義務が課せられることとなった。希望すれば誰でも継続雇用の対象となり、長期の雇用確保が企業に求められている。

　シニア社員の雇用は、定年廃止・定年年齢引き上げ・再雇用の3つの選択肢がある。厚生労働省が2021年に発表した「高年齢者の雇用状況」によると、約76.4%の企業が再雇用を選択している。大半の企業は再雇用時に報酬減額をあわせて行っている。報酬是正の水準は現役時代の6〜8割水準くらいに設定しているのが一般的である。

　これは、いわば年功的処遇の「リセット機能」だ。現役世代では年功的に報酬が積み上がっていくため、再雇用到達時には、貢献と処遇が不釣り合いになる。その不具合を解消するために、雇用区分が正社員から再雇用に変わることを事由として、処遇のリセットをはかろうとするものだ (図表1-3)。

　このリセット機能は、同一労働同一賃金の観点では大きなリスクがある。同一労働同一賃金とは、同一の職務に従事する者には、同一水準の賃金が支払われるべきだという考え方に基づく。

　本来、再雇用に伴い報酬が減額されるのであれば、その減額に見合う

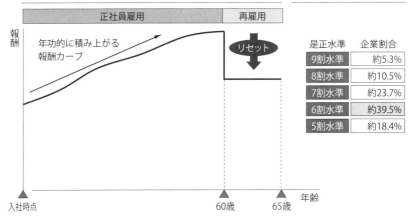

多くの企業が採用している報酬カーブ

正社員雇用 / 再雇用

報酬

年功的に積み上がる報酬カーブ

リセット

入社時点　60歳　65歳　年齢

再雇用時の報酬是正水準

是正水準	企業割合
9割水準	約5.3%
8割水準	約10.5%
7割水準	約23.7%
6割水準	約39.5%
5割水準	約18.4%

出所：労政時報　高年齢者の処遇に関する実態調査（2019年）をもとにコーン・フェリーが作成

職務へと再配置しなければならない。しかし、実際には再雇用の前後で、職務自体は変わらないケースが多い。シニア社員がこれからも増えていくなかで、きめ細やかに担当替えをおこない、減額相当の職務をつくり出していくことは現実的とはいえないだろう。

　また、シニア社員の報酬減額は、当該社員の意欲を著しく減退させる。従来と同じ仕事や貢献を求められるにもかかわらず、報酬は大きく削られるのだから当然である。いままでも、シニア社員の動機減退は起きていたが、シニア社員の絶対数や雇用期間も限られていたので、あまり大きく問題視されてこなかった。

　しかし、雇用の長期化に伴い、これからシニア社員の職場に占める割合は確実に増加する。職場において4～5人に1人はシニア社員という状況もこれからは珍しくなくなるだろう。意欲の減退したシニア社員が増加することは、職場全体の士気や活性度にも悪影響を及ぼしかねない。シニア社員を戦力として期待するのであれば、一律的に報酬を減額し、意欲と気力を奪っていくリセット機能そのものを見直す必要があるだろう。

　リセット機能をなくすためには、現役世代の年功的報酬カーブの是正

もセットでなければならない。そもそも、リセット機能を持たなければ
ならないのは、年功的に報酬が積み上がり、再雇用時点で貢献と報酬が
釣り合わなくなるからだ。職務相応の報酬になっていれば、再雇用に
なったからといって、報酬を減額する必要は全くない。

　だからこそ、現役世代におけるジョブ型による適正報酬の実現が求め
られているのだ。

　これから、企業では社員の高齢化とその対応はますます重い課題と
なってくる。日本の人口構成や社会保障などを考慮すると、対症療法的
な施策で乗り切るのは厳しい。

　現役世代も含めたジョブ型への転換は、本質的な意味での対応の1つ
といえるだろう。

◎専門人材の獲得・活用の困難さ

　DX（デジタルトランスフォーメーション）は、多くの企業での最重要課題
にあげられている。コロナ禍により、DXの重要性はさらに増している。
AIを駆使した識別技術、ロボットによる非接触型のサービス、自動運
転や自動制御技術など、新たなテクノロジーの実用化が次々に起きてい
ることからも、実感できるだろう。

　これらのDXを支えるのは、高度な専門技術を持つ専門人材である。
世界中で急速に需要が高まる一方で、人材の供給は追いついていない。
コーン・フェリーがグローバルで実施した調査では、2030年には専門
技術者は全世界で8520万人不足し、人材不足による経済的損失は8兆
4520億ドル規模になることが推測されている。

　日本においても高度専門人材の不足は深刻な問題である。経済産業省
がおこなった調査では、2030年にはIT人材全体で約45万人の人材不足
が予測されている（IT人材需給に関する調査　経済産業省〔2019年〕）。特に、
AIやIoTのサービスを活用した先端IT人材の不足が深刻であり、従来
型IT人材からのリスキル（再教育）による人材充当が求められるという
見解を示している。

この需給ギャップに伴い、高度専門人材の人材獲得競争は激化している。それは、日本の労働市場のなかでの奪い合いにとどまらず、世界的な人材獲得競争へと発展している。

　2019年にNTTの澤田純社長が日本経済新聞で語った内容は、グローバルでの人材獲得競争の激しさを物語っている。

> 「（NTT持ち株会社の研究開発の人材は）35歳になるまでに3割がGAFAなどに引き抜かれてしまう。AIなどの研究者の賃金を引き上げたい。」（「対GAFAへの処遇改善」日本経済新聞2018年11月22日付）

　NTTでは、研究開発の人材として、毎年60名ほどの新卒を採用している。しかし、有望な若手研究者はGAFAをはじめとする世界のテック企業から引く手あまただ。提示される年収水準も高額であり、人材流出は避けようもないとのことだ。

　同社に限らず、労働市場での獲得競争が激しい高度専門人材を他の社員と同程度の処遇で獲得・定着させるのは、もはや不可能と言ってよい。桁違いの報酬差、世界中から優秀な人材が集まる環境、潤沢な研究・開発投資などを示されて心動かない高度専門人材はほとんどいないだろう。

　高度専門人材には、得意領域が活きる職務に専念してもらい、他の人材と異なる処遇を実現する枠組みとして期待されているのがジョブ型だ。本人の得意領域が活きる職務につくことを合意するとともに、プレミアムをつけた特別な処遇を提供する。もちろん、会社が一方的に異動を命じることはない。人材流出を止めるために、ジョブ型を適用した特別なオファーをすることが急務になっているのだ。

　これらの高度専門人材に対する獲得競争は、新卒採用時から過熱している。その競争相手は、国内同業他社だけではなく、海外企業や優良ベンチャーなども含まれる。旧態とした画一的な初任給水準では、高度専門教育を受けた優秀な人材を獲得することはできない。昨今、初任給1000万円が可能という報道を目にすることも増えているが、それは高

図表1-4 高度プロフェッショナル制度

高度プロフェッショナル制度とは

> 高度プロフェッショナル制度は、高度の専門的知識等を有し、**職務の範囲が明確で一定の年収要件を満たす**労働者を対象として、労使委員会の決議及び労働者本人の同意を前提として、年間104日以上の休日確保措置や健康管理時間の状況に応じた健康・福祉確保措置等を講ずることにより、**労働基準法に定められた労働時間、休憩、休日及び深夜の割増賃金に関する規定を適用しない制度**です。

対象業務	対象労働者の要件
① 金融商品の開発の業務 ② 資産運用業務、投資判断に基づく資産運用の業務、有価証券の売買 ③ 有価証券市場における相場・有価証券の価値等の分析、投資に関する助言 ④ 顧客の事業運営に関わる調査・分析・助言 ⑤ 新たな技術・商品・研究開発　　　等	1. 使用者との間の合意に基づき**職務が明確に定められている**こと 2. 使用者から支払われると見込まれる賃金額が基準年間平均給与額の3倍の額を相当程度上回る水準として厚生労働省令で定める額以上であること

出所：厚生労働省「高度プロフェッショナル制度　わかりやすい解説」より抜粋

度専門人材の青田買いともいえよう。

　高度専門人材に対する法令も徐々に整備されつつある。2019年の働き方関連法案で制定された高度プロフェッショナル制度は、その第一歩といえる（図表1-4）。

　高度プロフェッショナル制度とは、諸外国で導入されているホワイトカラーエグゼンプションを参考に制定されたものだ。ホワイトカラーは、労働時間の長さとアウトプットが比例するとは限らない。労働時間ではなく、アウトプットに対して報酬を支払うとした制度が、ホワイトカラーエグゼンプションである。高度プロフェッショナル制度においても、「労働基準法に定められた労働時間、休憩、休日及び深夜の割増賃金に関する規定を適用しない制度」と明確に示している。

　ただ、日本の働き方には、長時間労働などの問題が未だ根強くある。そのため、日本で導入された高度プロフェッショナル制度は、適用職種や年収水準、健康管理措置など、いくつかの制限が課せられた形でスタートしている。その適用要件の1つに、「職務内容が明確に合意され

ている」ことが示されている。職務内容が不明確であれば、無限に労働を強いられるリスクがある。そのため、職務の明確化は、柔軟な働き方の前提として、必要不可欠なのだ。

　高度専門人材の獲得・定着は、企業がDXを加速させていくなかで欠かせない。これらの人材には、相応の報酬や柔軟な働き方を提示しなければ、惹きつけ続けることは難しい。その根底には、企業と個人の職務合意が必要となることはいうまでもない。

◎グローバルでの多様な人材マネジメント

　事業のグローバル展開は、多くの日本企業にとって重要な経営課題である。特に大手企業では、海外売上比率が50％を超える企業も珍しくない。少子高齢化とともに国内市場の頭打ちは目に見えており、グローバル市場に狙いを向けるのは自然な流れといえる。

　かつての日本企業の海外展開モデルは、日本市場向けに開発した製品やサービスをそのまま輸出するような事業モデルが中心であった。日本企業の海外事業統治は、製品・サービス開発を担う日本本社と製造・販売など機能分離した現地法人といった役割分担が多かった。

　しかし、本格的にグローバル展開が進んでいくと、日本で成功した製品・サービスを海外に展開していくという戦略では、投資効率が悪い。日本での成功が、必ずしも海外での成功につながらないからだ。日本の消費ニーズではなく、世界の主要海外市場での消費ニーズが起点となってくる。日本も含めた主要な世界市場の消費ニーズを踏まえ、最も投資効率の高い製品・サービス開発へとシフトしなければならないのだ。

　世界規模での事業戦略を推し進めていくためには、日本人だけの組織で戦略立案・推進をしていくことは難しい。世界情勢、国ごとの商慣習や規制、各地の文化や生活習慣、消費ニーズなどを含めた高度な意思決定が必要になっていく。日本人だけではなく、外国人も入り混じった混成チームで推進していかねばならない。日本本社ではなく、グローバル本社にならなければならないのだ。

国籍の異なる社員が入り交じる組織をスムーズに運営するためには、人材マネジメントについても世界標準に合わせなければならない。外国人社員にとって、ヒトを基軸においた日本特有の人材マネジメントは理解しがたい。外国人の上司や部下が普通に職場内に混在するようになれば、日本人だけ異なる人材マネジメントをおこなうわけにはいかない。世界標準の人材マネジメントとは、ジョブ型の人材マネジメントに他ならない。

　ジェトロの2018年の調査に興味深い結果が出ている。外国人採用にあたり、大企業が取り組んでいることのトップ3は、①キャリアプランの明示、②職務内容の明確化、③希望する職場への配属である。これは、ジョブ型そのものと言ってよい。個々の職務内容を明確にし、本人と職務内容・配属先に合意し、将来的なキャリア期待を伝えていく。外国人社員にとって、日本企業にはガラスの天井を感じさせることが多い。だからこそ、現在の職務だけではなく、将来のキャリア展望も明らかにすることが人材獲得・定着に重要といえる。

　外国人社員がマイノリティであれば、日本人と外国人で異なる人材マネジメントをおこなうことも可能かもしれない。しかし、グローバル展開を本格的におこない、外国人社員を要職に抜擢し、多様性のあるチームをつくろうとすると職務基軸の人材マネジメントが欠かせない。

　今後もグローバル展開を推進しようとする大手企業にとって、グローバルでの多様な人材マネジメントは大きな課題である。特に、外国人社員を積極的に招致し、世界市場で戦っていける組織を目指すと避けて通れない。ジョブ型はその多様な人材マネジメントのインフラとしての機能が期待されている。

　本章では、ここまで日本企業でジョブ型が求められる理由を紹介してきた。コーン・フェリーで実施した実態調査においても、「貢献度に応じた適正処遇」「職務内容の明確化」「専門人材の育成」などが上位を占めている。これらはジョブ型の基本的機能である。昨今では、このジョブ型の基本機能に期待するところが大きいといえるであろう。

ジョブ型雇用と
メンバーシップ型雇用

◎「雇用」と「人材マネジメント」の違い

　ここまでの説明から、日本企業にジョブ型が求められる理由は理解いただけたであろうか。ただ、「ジョブ型」という言葉には、雇用と人材マネジメントの2つの意味が混在している。正確に構造を理解しようとすると、この2つの意味の違いを理解する必要がある。

　雇用は、民法では「当事者の一方が相手方に対して労働に従事することを約束し、相手方が労働に対して約束することにより、その効力が生じる」とされている。ひらたく言うと、「一定の条件下でヒトを雇い入れること」と捉えるとよいだろう。

　人材マネジメントとは、「**企業のビジョン・業績目標の達成に向けて人材を活用すること**」である。採用・人材配置・人材育成のみならず、人事評価・報酬など、様々な人事制度・人事諸施策を講じることで、企業のビジョン・業績目標の達成に向けて社員の力を効果的に引き出すこ

図表1-5 | 雇用と人材マネジメントの違い

雇用	人材マネジメント

 雇用とは「一定の条件下で
ヒトを雇い入れること」

 人材マネジメントとは、
「企業のビジョン・業績目標の達成を
目指し人材をうまく活用すること」

（民法における雇用）
雇用は当事者の一方が相手方に対して労働に従事することを約束し、相手方が労働に対して報酬を与えることを約束することにより、その効力が生じる

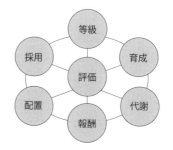

とこそが、人材マネジメントといえる。(図表1-5)

　雇用と人材マネジメントは異なる。そのため、「ジョブ型人事制度の導入」と「ジョブ型雇用の適用」は同義ではない。しかし、様々な識者やメディアから出される記事や提言においては、このあたりが曖昧になっていることが多く、誤解を生みやすくなっている。

　例えば、ある大手企業が、ジョブ型人事制度を導入したという事実をもって、「A社もジョブ型雇用を取り入れた」と報じられることがある。この表現は正確ではない。本書では、そのあたりから丁寧に解説を加えていくものとする。

◎それぞれの「雇用」の定義

　まず、雇用について取り上げたい。最近、「ジョブ型雇用」「メンバーシップ型雇用」という言葉を耳にする機会が増えてきている。この言葉の提唱者である労働政策研究・研修機構の濱口桂一郎氏は、職務単位で雇用契約が締結・解約される海外型の雇用のあり方をジョブ型雇用とし、職務合意がないなかで雇用契約が締結される日本独特の雇用のあり方をメンバーシップ型雇用と整理している。

　簡単にいうと、**職務内容に合意して雇用契約をする欧米的な雇用スタイルが「ジョブ型雇用」、職務内容を決めずに雇用契約をする日本的な雇用スタイルが「メンバーシップ型雇用」**ということである (図表1-6)。

　ジョブ型雇用における判断基準は「職務に対する合意の有無」である。合意に際して、海外で一般的に使用されているのが、職務内容を文書化した職務記述書（ジョブディスクリプション）である。そのため、職務記述書の有無がジョブ型雇用の判断基準と誤解する人も多い。正確には、文書化されていなくとも、職務に対する合意があれば立派なジョブ型雇用である。

　ジョブ型雇用とメンバーシップ型雇用は、雇用の入り口である採用によって決まってくる。ジョブ型雇用では、職務を基準とした採用であり、職務に対して必要な人員を必要な人数だけ採用する。採用基準で重視さ

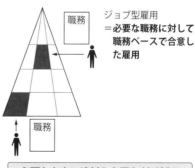

図表1-6 メンバーシップ型雇用とジョブ型雇用の違い

メンバーシップ型雇用

メンバーシップ型雇用
＝「何の仕事をするか（職務）」
の合意なき雇用

職務
？

新卒一括採用中心

ジョブ型雇用

職務

ジョブ型雇用
＝必要な職務に対して
職務ベースで合意し
た雇用

職務

必要なときに適材を必要なだけ採用

れるのは、経験・実績や職務に関連した資格や学位などである。

例えば、営業であれば、競合他社での営業経験・実績などをイメージするとよいだろう。特定の職務の遂行が雇用条件であるため、職務遂行に足る人材を採用するのは当然である。

メンバーシップ型雇用は、職務に対する合意のない雇用である。中長期的に組織に必要な人員数を定め、正社員として一括で採用する新卒一括採用による雇用スタイルだ。採用・入社の時点では、どのような職務に従事するかは明確に決まっていない。どのような職務内容でも柔軟に対応できる職務無限定の雇用スタイルと言ってよい。採用基準で重視されるのは、経験・実績や専攻分野などではなく、良き組織人であることだ。

経団連の2018年の調査によると、新卒採用で重視するトップ5は、「コミュニケーション能力」「主体性」「チャレンジ精神」「協調性」「誠実性」である。「メンバーシップ型雇用」という名称が示すとおり、良きメンバーとして組織に迎え入れられるかどうかが雇用の判断基準になっているのだ。

昨今では、職種別採用も増えてきている。ただ、日本企業における職

種別採用の多くは、厳密にはジョブ型雇用とは異なる。職種という括りはあるものの、個別の職務（ジョブ）まで踏み込んで合意しているケースは少ない。例えば、マーケティングという職種で雇用することは合意しているものの、どのような製品・サービスを担当するかまで合意しているものではない。

　次項で詳しく解説するが、**ジョブ型雇用のポイントの1つは「任命権」**である。職種別採用は、職種という括りのなかで、会社が任命権を持って配置するケースが多く、メンバーシップ型雇用の特徴を多く残しており、ジョブ型雇用と捉えるのは、やや無理がある。職種別採用は、メンバーシップ型雇用とジョブ型雇用の折衷型と捉えるのが適切であろう。

　徐々に職種別採用は増えていくだろうが、広く一般化するとは考えにくい。職種別に一定数の母集団を集められるのは、一部の企業に限られるとともに、普通教育を前提とした日本の教育システムでは入口時点で選択肢を絞り込む職種別採用に魅力を感じない求職者層もかなりいるからだ。

　日本の雇用で特筆すべき点の1つは、正社員はメンバーシップ型雇用、非正規社員はジョブ型雇用となっていることだ。飲食店チェーンをイメージしてもらいたい。アルバイトスタッフはホールや調理など、あらかじめ従事する職務を合意して雇用されている。多くの場合、実際の職務内容は事前に合意した内容に基づく。

　一方で、正社員は、あらゆることに柔軟に対応しなければならない。スタッフのシフト表作成から、店舗の売上管理、キャンペーンの実施など、業務内容は多岐にわたる。スタッフが足りなければ、自らも補充人員として接客や調理をすることが求められる。まさに、組織の一員（メンバー）として、特定の職務に限定せず、柔軟に働くことが期待されているのだ。この違いは、日本企業の正社員雇用であるメンバーシップ型雇用の無限定性をよく表しているといえるだろう。

任命権と雇用の保全性

　ジョブ型雇用とメンバーシップ型雇用で、雇用契約上の大きな違いが生じる。その違いは、「任命権」と「雇用の保全性」である。

◎「任命権」のイニシアチブの違い

　メンバーシップ型雇用では、会社が強い任命権を持ち、社員に柔軟な人材配置を命じることができる。メンバーシップ型雇用は、特定の職務に合意した雇用ではない。雇用した以上、会社としては社員に何らかの職務に従事してもらう必要がある。そこで、事業・組織の欠員状況や個々人の希望・適性を考慮し、会社主導で人材配置をおこなわなければならない。

　もともと、未経験の学卒社員を雇用するメンバーシップ型雇用では、会社が主導して人材育成をおこなう必要がある。個々の職務適性も曖昧なため、複数の職種・職場を経験させて人材育成をおこなうのが一般的だ。一方で、組織の業容拡大や縮小、定年や自己都合退職などに応じて、組織における人員の過不足が出てくる。会社はジョブローテーションを通じて、人員補充と人材育成を両立させていく。

　複数の職種・職場を経験するジョブローテーションは社員側にもメリットがある。特定の職務に合意して入社しているわけではないので、経験を積んでみなければ、自分の職務適性を見極めることはできない。たまたま、会社の都合で配属された職種・職場で一生のキャリアが決まるのではたまったものではない。たとえ、自分の希望と異なる職種・職場だったとしても、ジョブローテーションにより、先々には新たな機会が与えられる可能性があるのであれば、キャリアに希望を持つことができる。

　メンバーシップ型雇用において、ジョブローテーションは会社と社員

の双方にメリットがあるのだ。

一方で、ジョブ型雇用では、**会社が一方的に任命権を行使して配置転換をすることはできない**。会社・社員の双方が、特定の職務に合意した雇用であり、配置転換には合意が必要なのである。(図表1-7)

そのため、海外のジョブ型雇用では、ジョブローテーションはあまり行われない。会社としては、特定の職務を遂行するために、実績・経験や知識・ノウハウを持つ人材を雇用しているのであり、配置転換をおこなうメリットは見出しにくい。その職務に見合った能力や実績・経験のある人材を雇用しているため、その人材を現職から引き離し、別の職務に配置転換させる合理性がないのだ。社員側にも、未経験領域への配置転換では、自分の能力や実績・経験が活きない可能性がある。雇用も完全に保証されるものではなく、リスクフリーの選択ではない。「ジョブ型雇用」においては、会社・社員の双方において、ジョブローテーションのメリットが少ないのだ。

そのため、**ジョブ型雇用が一般化している海外企業におけるキャリア**

図表1-7 | **任命権の違い**

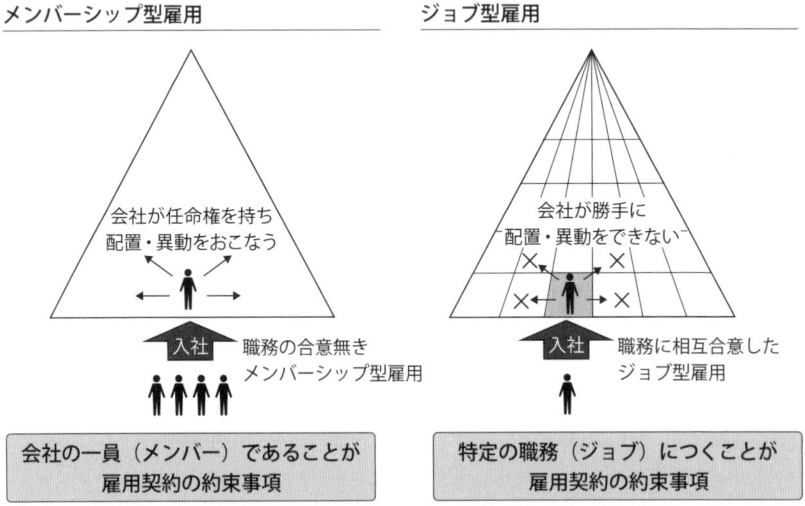

メンバーシップ型雇用

会社が任命権を持ち
配置・異動をおこなう

入社 職務の合意無き
メンバーシップ型雇用

**会社の一員（メンバー）であることが
雇用契約の約束事項**

ジョブ型雇用

会社が勝手に
配置・異動をできない

入社 職務に相互合意した
ジョブ型雇用

**特定の職務（ジョブ）につくことが
雇用契約の約束事項**

はスペシャリスト中心である。特定の職務を突き詰めていくキャリアが中心になっていくのは自然なことといえよう。

企業経営の観点から捉えると、スペシャリストのみの人員構成では企業の持続的成長は困難になる。企業の舵取りをする経営を、特定領域のスペシャリストに委ねるのはリスクが大きい。

しかし、成り行きに任せて人事運用をおこなっていると、大局的な視野を持った経営人材は生まれない。海外企業で後継人材育成計画（サクセッションプラン）が本腰を入れておこなわれるのはこのためである。将来の経営者候補としての素養がある人材を早期に発掘し、政策的にジョブローテーションをおこなっていくのである。もちろん、本人も合意のうえでのジョブローテーションである。経営者候補に選ばれた人材は、挑戦的な機会を与えられ、そこで結果を残していくことで、さらなる機会を得ることができるのだ。

ジョブ型雇用とメンバーシップ型雇用では、「任命権の持ち方」が根本的に異なる。これは、会社の欠員補充や社員のキャリア形成に大きく影響を及ぼすため、押さえておかねばならない最重要なポイントの1つである。

◎「雇用の保全性」の高低の違い

雇用の違いは「雇用の保全性」にも大きな影響を及ぼす。日本は「雇用が守られている」とされているが、メンバーシップ型雇用とは無関係ではない。

ジョブ型雇用は、職務の合意に基づく雇用であり、雇用継続は職務の有無が判断軸になる。そのため、職務の成果基準を満たせなかったり、職務そのものがなくなったりすると、雇用継続の合理性がなくなる。原則的な考え方は、職務を軸に据えた契約関係と捉えるとよいだろう。

ただし、雇用の安定は国家政策次第でもあり、ジョブ型雇用が定着している国であっても、解雇規制の程度は国ごとに異なる。米国は解雇規制が少なく、雇用流動性が高い代表的な国であるが、欧州の国のなかに

は、ジョブ型雇用が浸透していても解雇規制が厳しい国もある。ジョブ型雇用では、職務の有無による雇用解消の合理性は成り立ちやすいが、「ジョブ型雇用＝簡単に解雇できる」ではないことを押さえておきたい。

　一方で、メンバーシップ型雇用は、職務の合意に基づかない雇用である。また、会社が強い任命権を持ち、本人に職務選択の自由度が少ない雇用スタイルだ。そのため、職務の有無が雇用継続の判断軸にはなり得ない。そもそも、職務の有無による雇用解消の合理性が成り立たないのだ。会社は、組織の一員（メンバー）として雇用し、強い任命権を持って会社都合での人材配置ができるかわりに、雇用確保をする義務が求められるわけだ。

　経営不振などを理由として、人員削減をおこなう解雇を「整理解雇」と呼ぶが、日本では整理解雇は厳しく制限されている。整理解雇の要件の1つに「解雇を回避する努力義務」が定められており、会社は経費削減や配置転換による業務確保の努力義務が課せられている。実際に、出向・配置転換の可能性があるにもかかわらず、これらの措置をとらなかったため、解雇が無効とされた判例もある。

　すなわち、法令解釈上でも「職務がない」という理由だけで、解雇することは合理性がないとされているのである。

　このようにメンバーシップ型雇用では、会社が継続的に雇用確保をすることが求められている。しかし、それでは雇用終了をおこなうことができない。この矛盾を解消するために、日本では年齢で一律的に雇用解消をおこなう定年制が一般化している。

　世界では、定年制は一般的ではない。むしろ、年齢を理由に雇用を奪う定年制は、差別的と捉える国も多い。米国では、1960年代に年齢差別禁止法が制定されており、年齢によって一律退職を促す定年制は違法にあたる。EU諸国においても、基本的には同様である。雇用政策上、特別な措置を講じることは許容されており、フランスや韓国など一部の国では定年制を採用しているが、欧米の大半は定年制を持たない。ジョブ型雇用では、職務にあった最適な人材が仕事を得るべきで、年齢とい

う属人的な要素によって差別的に判断されるものではないという考えに
基づくのだ。
　日本の定年制は、定年年齢によって一律的に雇用解消をおこなう仕組
みであるが、逆に言えば、定年までは雇用確保を企業に求める仕組みで
もある。これが、日本独特の雇用慣習である終身雇用の基盤になってい
る。

ジョブ型雇用への急転換は難しい日本企業

◎現実的な2つの問題

　ジョブ型雇用とは、特定の職務に合意して雇用されることである。そして、会社は一方的な任命権は持たず、配置転換には社員との合意を必要とする。また、職務の有無が雇用継続の合理性の判断基準となる。

　海外ではこのジョブ型雇用を基盤として、「ジョブ型人材マネジメント」を運用している。ジョブ型人材マネジメントとは、職務を基軸として採用・人材配置・人材育成・人事評価・報酬などの人事諸施策を講じることで、社員の力を効果的に引き出すことだ。

　日本企業がジョブ型雇用に一気にシフトするという論調を目にすることがあるが、日本社会・日本企業の現状を捉えると、現実的には相当難しい。それは、大きく2つの理由がある。

- ジョブ型雇用への転換には現存社員全てに雇用転換の合意を必要とする
- メンバーシップ型雇用を前提とした社会・企業システムが確立している
　　①定年制度はなくならず、人材の計画的確保が必要
　　②日本の市場流動性は高くなく、新卒一括採用をやめられない
　　③欠員補充のためには、会社が任命権を手放せない

　ジョブ型雇用への切り替えは現実的ではなく、雇用基盤としてメンバーシップ型雇用は残るとみて間違いがないだろう。その雇用基盤のうえで、ジョブ型人材マネジメントをおこなうのが日本企業の標準的なジョブ型のかたちである。

　では、順番にジョブ型雇用へ一気にシフトすることが難しい理由を見

てみよう。

◎ジョブ型雇用への転換には社員全てに雇用転換の合意を必要とする

ジョブ型雇用を適用するということは、職務記述書を準備することでも、職務給を導入することでもない。雇用契約の転換をすることである。

雇用契約は、入社時の雇用の約束事である。企業に所属する現正社員は、過去に入社した時点での雇用契約が適用となるのは言うまでもない。すなわち、メンバーシップ型雇用の適用対象である。雇用契約は、企業と社員の双方の合意によって成り立っている。企業の一方的な意向によって雇用契約を変えることはできない。必ず、社員の合意を得なければならない。

会社全体が「ジョブ型雇用に転換する」というのは、現社員全てに雇用転換の合意を取り付けることを意味する。いままでメンバーシップ型雇用の適用を受けてきた社員にとって、ジョブ型雇用への転換が魅力的に映るかというと、かなり疑問が残る。

まず、従来は職務の合意のない雇用契約であったものが、特定の職務への合意に基づく雇用契約になる。そして、会社が一方的に任命権を持つのではなく、会社・本人の合意のもとで、配置転換がおこなわれる。雇用転換後は、配置転換の柔軟さはなくなり、現在の職務に固定化する社員が大半となる。自分の希望や適性、ライフスタイルにあった職務に配置されている社員はよいが、そうではない社員にとっては歓迎できるものではない。将来のキャリアの可能性が、かなり絞られるように感じるだろう。

また、雇用の保全性も確実に確保されるものではなくなる。職務で十分なパフォーマンスが出せなかったり、職務そのものがなくなったりしたら、雇用の合理性がなくなるのがジョブ型雇用だ。ただ、「ジョブ型雇用＝簡単に解雇できる」ではない。日本の厳しい解雇規制のなかでは、ただちに解雇されるようなことはないであろうが、潜在的な不安要素と

してあげられる。専念したい職務につけている、働き方の自由度や報酬などでプレミアムがある、といった条件がなければ、なかなか雇用転換の同意を取り付けるのは難しいだろう。

　健康機器メーカーのタニタや広告代理店の電通では、正社員から業務委託への転換をはかる制度を設けている。まさに、ジョブ型雇用への転換を可能にする制度と言ってよいだろう。会社と個人が仕事ベースで契約し、報酬を得ていく雇用契約だ。これは、会社が同意を迫るのではなく、あくまでも本人希望がベースとなっている。柔軟で個人事業主的な働き方を希望する社員に対して、ジョブ型雇用に切り替える選択肢を提示しているのである。両社において一定数の応募はあり、ジョブ型雇用の広がりを感じるが、全体の社員数からすると、まだ少数派にとどまっている。

　雇用そのものを転換するのは、容易なことではない。今後、入社する人からジョブ型雇用を適用するといっても、社員全体が入れ替わるのは数十年後だ。どう考えても、ただちに一定の規模の会社全体でジョブ型雇用が適用されるというのは、現実性に乏しいだろう。

◎メンバーシップ型雇用を前提とした社会・企業システムが確立している

①定年制度はなくならず、人材の計画的確保が必要

　日本は、メンバーシップ型雇用を長きにわたり運用してきており、社会・企業システムが確立してしまっている。雇用とは、企業と社員の契約関係の入口である。入口だけ変えても、システム全体はうまく動かない。

　入口を考えるためには、出口を同時に考えなければならない。出口とは雇用終了である定年退職だ。既に述べてきたとおり、定年制度はメンバーシップ型雇用から生じたものである。メンバーシップ型雇用では、職務の有無による雇用解消の合理性はなく、高い雇用の保全性が求めら

れる。雇用終了をするためのルールが必要であり、年齢で一律的に雇用終了をおこなう定年制度が一般化したのだ。

　前項のとおり、現社員はメンバーシップ型雇用の適用対象であり、雇用転換の同意を取り付けることが難しいことを考慮すると、数十年単位で定年制度は残るだろう。ましてや、日本社会全体として高齢化が進んでいる。高齢者の雇用確保は国家政策であり、雇用の保全性が緩和されることは考えにくい。定年年齢という区切りまで企業に雇用確保を求めるとともに雇用期間の長期化へ向かうのは、日本政府の雇用政策の方向性だ。

　定年制度が残るということは、職場から一定数の人員が毎年、必ず抜けていく。世代ごと毎年抜けていくため、計画的に人員確保をおこなわなければ、企業運営に必要な陣容を維持することができない。定年以外にも退職者は一定数出てくるため、企業としては定期的に人員補充の必要がある。

　では、特定の職務に必要な人員を必要なだけ雇用するジョブ型雇用で人員補充が可能かというと、多くの企業にとっては相当難しいだろう。日本の転職市場はかつてよりオープンになり、人材の流動性は高まりつつあるとはいえ、まだ途上にあるといえる。総務省「平成29年就業構造基本調査」によると、2017時点で転職率は約5%にとどまっている。その40年前の1977年時点と比べると約2倍近い転職率であり、確かに増えているものの、決して高い人材流動性ではないことがわかる。

　現実問題として、即戦力の中途社員をジョブ型雇用で計画的に人員補充・確保をおこなっていくことは難しい。中途採用は、基本的に「待ち」の採用だからだ。転職はビジネスパーソンにとって、キャリアを左右する大きな決断である。経営方針の共感、職場の人間関係、仕事の満足度、報酬の妥当性など、様々な要素が決断には伴う。そして、転職の起点は、求職者本人の意志によるものである。いかに企業側が、好条件を市場に提示したとしても、現在の職場に満足している人材を転職市場に引っ張り出すことは難しい。そもそも少ないパイであり、どれだけの

応募が来るか予測困難でもあるため、計画的な人員確保は困難である。大企業や知名度の高いブランド企業であれば、少ないパイのなかでも人員確保も可能かもしれないが、そのような採用競争力のある企業は限られている。

②日本の市場流動性は高くなく、新卒一括採用をやめられない

　一方でメンバーシップ型雇用である新卒一括採用は、計画的に人員補充・確保をしやすいスキームである。ある一定の時期に、卒業見込みの学生が一斉に就職活動に動き出す。ほとんどが予測どおりの動きをするため、企業としては、広告費や人員を集中して投下でき、効率的かつ計画的に人材確保ができる。

　また、日本は正社員と非正社員の格差が大きい国でもあり、新卒レールに乗れない場合のデメリットも広く認知されている。そのため、教育機関や家庭も一丸となって、就活生を応援する社会イベントとなっていることも強い後押しになっている。

　入社のタイミングやレベル感の揃った人材が入社するため、体系的な新人育成プログラムが可能になる。また、同期コミュニティによる学び合いは、未経験者の教育訓練コストを下げている。コスト的なメリットだけではなく、日本人ビジネスパーソンは、新卒一括採用に特別な思い入れがあるようにも見受けられる。桜の時期に初々しい新人が入社し、職場にフレッシュな新人が配属され、周囲は活気づく。社内には同期入社というコミュニティができ、部署を超えたつながりができる。会社に対するロイヤリティや仲間意識のある企業風土が形成されていく。

　このような目に見えない意識や風土といった無形資産に大きな価値を感じるのも、日本特有の価値観かもしれない。

　出口である定年制度が残る以上、入口は計画的採用をおこなわなければならない。効率的な採用システムであり、ロイヤリティや仲間意識の醸成にもつながる新卒一括採用を日本企業は手放すことができないのだ。

　また、出口と入口は必ずしも一致しない点も押さえておかねばならな

い。定年退職者やベテラン社員の自己都合退職者の欠員に、未経験の新卒採用者を補充することはしないだろう。必要な人員を即戦力で補充するジョブ型雇用とは、その点でも異なる。

③欠員補充のためには、会社が任命権を手放せない

　メンバーシップ型雇用を継続しつつ、会社内で必要な組織に必要な人員をあてようとしたら、ジョブローテーションを行わなければならない。もちろん、本人の意志を尊重することは大事だが、会社が任命権を持って人員配置を主導しなければ、組織に必要人員が行きわたらなくなってしまう。日本企業は、メンバーシップ型雇用の副産物である任命権を手放せなくなってしまっているのだ。

　このように、日本企業の雇用を取り巻く構造を読み解いていくと、ジョブ型雇用を一足飛びに日本企業に適用するのは、きわめて困難であることがわかっていただけるであろう。ましてや、任命権や雇用の保全性も含めて、海外のジョブ型雇用と同じものを求めるのは現実的ではない。

　一方で、本章の前半で解説したように、日本企業は様々な課題を抱えている。ここで、改めて強調しておきたいことが、**雇用と人材マネジメントは同義ではない**ことだ。多くの日本企業は、ジョブ型人事制度を導入することにより、ジョブ型人材マネジメントを転換しようとしている。メンバーシップ型雇用とジョブ型人材マネジメントのハイブリッドこそが、多くの日本企業が志向しているものであり、「日本版ジョブ型」と言ってもよいだろう。

　次章では、日本版ジョブ型について、解説を進めていくものとする。

第 **2** 章

ハイブリッド型の雇用と
人材マネジメント

日本企業が目指したい
ジョブ型人材マネジメント

◎ヒト中心の人材マネジメントとは

　日本企業はメンバーシップ型雇用を残しつつ、ジョブ型人材マネジメントへとシフトしつつある。従来のヒト中心の人材マネジメントでは限界があり、報酬と職責の不整合、低い労働生産性、社員の高齢化と同一労働同一賃金、専門人材の活用、グローバルでの多様な人材マネジメントの実現など、様々な課題が顕在化しつつあるからだ。

　改めておさらいをすると、人材マネジメントとは、企業のビジョン・業績目標の達成に向けて、様々な人事制度・施策（採用・人材配置・人材育成・評価・報酬等）を組み合わせていくことで、社員の力を効果的に引き出していくことだ（図表2-1）。

　ヒト中心の人材マネジメントは、採用から代謝までの人材フローをも

図表2-1 | ヒトを軸にしたヒト型人材マネジメント

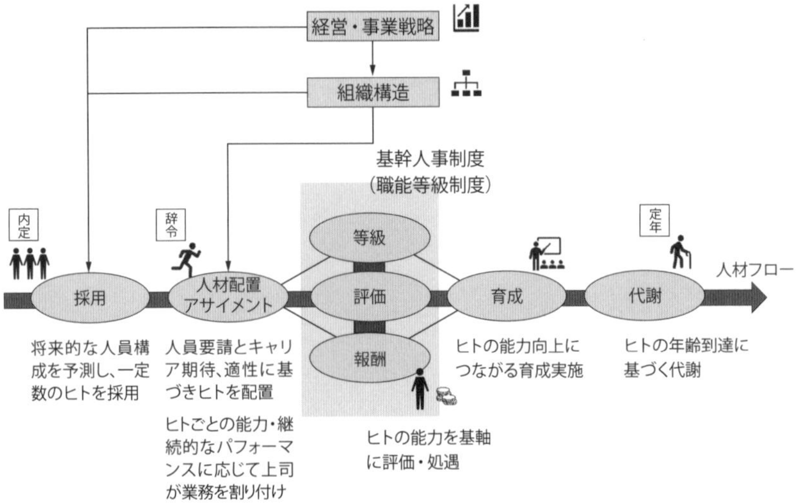

経営・事業戦略

組織構造

基幹人事制度
（職能等級制度）

内定　　辞令　　　　　　　　　　　　　　　　　　　定年

採用　　人材配置　　　等級　　　　育成　　　代謝　　人材フロー
　　　　アサイメント　評価
　　　　　　　　　　　報酬

将来的な人員構成を予測し、一定数のヒトを採用

人員要請とキャリア期待,適性に基づきヒトを配置

ヒトごとの能力・継続的なパフォーマンスに応じて上司が業務を割り付け

ヒトの能力を基軸に評価・処遇

ヒトの能力向上につながる育成実施

ヒトの年齢到達に基づく代謝

とに組み立てられる。主要な構成要素は、以下のとおりである。

- 採用：戦略や組織要請を踏まえ、将来的な人員構成を予測し、未経験のポテンシャル人材を一括採用する。
- 人材配置：組織の要員要請や本人の希望・適性をもとに、組織に必要数の人員を配置する。各人の能力が最大限に活かされる適材適所の配置を目指す。
- アサイメント：上司が各人の能力やアベイラビリティ（稼動状況）をもとに、業務を割り付ける。メンバーのアウトプットの総和が職場のアウトプットになる。
- 基幹人事制度：ヒトの能力を軸にした職能資格制度。能力が評価・処遇の基準となる。
- 育成：階層研修などをもとに、ヒトの能力を向上させる。階層ごとに共通する汎用スキルが中心。
- 代謝：定年年齢到達をもって代謝する。人員過剰になると、早期退職制度などの代謝促進策がとられる。

　全ての人事制度・人事諸施策はヒトを中心に組み立てられていることがわかるだろう。そして、それぞれの要素間の相関性はあまり強くない。もちろん、等級に連動した階層別研修や、評価結果をもとにした人材配置などはあり、基幹人事制度と人材配置・アサイメント、育成には緩やかな連携がなされている。しかし、機能ごとの個別最適感があることは否めない。

◎ジョブ型人材マネジメントとは

　一方で、ジョブ型人材マネジメントは、人材フローをもとにしているわけではない。職務を中核に据えて、全ての人事制度や施策は組み立てられているのである（図表2-2）。

　主要な構成要素は以下のとおりである。

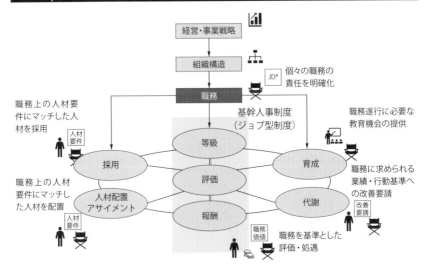

- **職務**：経営・事業戦略及び組織構造を踏まえて個々の職務設計がなされる。職務内容・職責を明らかにしたものが JD（職務記述書：Job Description）となる。
- **採用**：職務に求められる人材要件にマッチした人材を必要なだけ採用する。実績や経験、必要能力等による即戦力人材の採用を目指す。
- **人材配置・アサイメント**：職務に求められる人材要件にマッチした人材を必要なだけ配置する。職務と最も適合度の高い人材の配置による「適所適材」を目指す。
- **基幹人事制度**：職務価値を軸にしたジョブ型人事制度。職務そのものが評価・処遇の基準となる。
- **育成**：職務遂行に必要な教育機会を提供する。個々の職務に役立つスキル・能力開発をおこなう。
- **代謝**：職務に求められる業績・行動基準を充足していなければ改善要請がおこなわれ、適切な人材代謝がはかられている。

ほとんど全ての人事機能は、「職務」と関連性を持っていることがわかるだろう。それも、そのはずである。全ての人事諸施策・諸制度は、職務を機能させるために組み立てられており、職務を正しく機能させることにより経営・事業戦略の実現につながるからだ。

　海外では、職務で合意されたジョブ型雇用の雇用基盤のうえで、これらのジョブ型人材マネジメントをおこなっているのである。日本企業のジョブ型へのシフトは、このジョブ型人材マネジメントのエッセンスを取り入れようとする動きだ。

　例えば、ジョブ型人事制度の導入とは、このジョブ型人材マネジメントの根幹となる基幹人事制度をジョブ型にすることを指している。基幹人事制度をジョブ型にするだけでも、ジョブ型のエッセンスを埋め込むことは十分に可能である。

　日本企業におけるジョブ型を理解しようとすると、雇用・人材マネジメントの両面を押さえておかねばならない。特に、雇用と人材マネジメントは異なることは、重要なポイントといえよう。

日本版ジョブ型のかたち

◎ メンバーシップ型雇用とジョブ型人事制度のハイブリッド

　日本企業は、第1章で述べたように、雇用の観点からはメンバーシップ型雇用を維持せざるを得ない。一方で、顕在化した課題を解決するために、ジョブ型人材マネジメントのエッセンスを取り入れようとしている。メンバーシップ型雇用とジョブ型人材マネジメントのハイブリッドが日本企業におけるジョブ型のかたちであり、日本版ジョブ型といえる（図表2-3）。

　日本版ジョブ型において、入口の雇用はメンバーシップ型雇用が中心となる。大半の職種では、従来どおり、新卒一括採用により、職務の合意なきメンバーシップ型雇用で人員確保がおこなわれる。そして、人材マネジメントは、2階建ての仕組みとなる。1階部分にあたる下位階層は従来どおりの「ヒト型人材マネジメント」、2階部分にあたる上位階層は「ジョブ型人材マネジメント」の対象となる。

　また、一部の高度専門人材に対応する職種においては、入口から職務を合意したジョブ型雇用、職務ごとの市場水準相当の報酬水準や特定専門領域の専門化を促すジョブ型人材マネジメントの対象になるだろう。

　大きくは3つのブロックが複雑に組み合わさる歪な構造になる。説明をわかりやすくするために、図表2-3のブロックを以下のように分類した。

　・1階部分：大半の職種における下位階層（図表左下部分）

　・2階部分：大半の職種における上位階層（図表左上部分）

　・離れ部分：一部の職種　（図表右部分）

　では、1つ1つ、解説していこう。

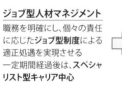

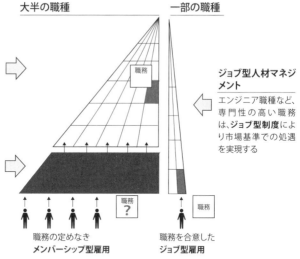

大半の職種　　　　　　一部の職種

ジョブ型人材マネジメント
職務を明確にし、個々の責任に応じた**ジョブ型制度**による適正処遇を実現させる
一定期間経過後は、**スペシャリスト型キャリア中心**

ヒト型人材マネジメント
メンバーシップ型雇用と相性の良い**職能資格制度**で育成と人材補充をおこなう
適性を見極めるまでは、**ゼネラリスト的**に複数職種を渡り歩く

職務

ジョブ型人材マネジメント
エンジニア職種など、専門性の高い職務は、**ジョブ型制度**により市場基準での処遇を実現する

職務
？

職務

職務の定めなき
メンバーシップ型雇用

職務を合意した
ジョブ型雇用

◎1階部分：メンバーシップ型雇用×ヒト型人材マネジメント

　日本企業は、大半の職種において、新卒一括採用によるメンバーシップ型雇用で人材確保していくことであろう。詳細は第1章で解説したので省くが、日本企業は出口の定年制度が残るため、職場から毎年ヒトが抜けていくことになる。その要員充足を計画的におこなっていくためには、新卒一括採用は手放せないのだ。

　就業経験のないポテンシャル人材を採用するため、入社した社員はスキルや経験・実績のないところからスタートしなければならない。いきなり、職務基準のジョブ型を求めるのは現実的ではない。従来どおり、複数の職種・職場を経験させるジョブローテーションをおこない、実践のなかで育成をおこなっていく。社員は複数の職種・職場で仕事を覚えながら、自分の職務適性を見極めていくことができる。会社側は、任命権を持ち、ジョブローテーションをおこない、退職者による欠員補充や事業の拡大・縮小に対応していく。社内で柔軟に人材の融通をすること

で、組織内に必要人員を行きわたらせるのである。

　このような柔軟な人材配置やジョブローテーションをおこなうステージでは「ヒト型人材マネジメント」のほうが都合がよい。新人や他部署からの未経験者の転任者は、即戦力として期待しにくい。ある程度、本人の力量を見極めて、仕事を割り振る丁寧さが必要となる。

　また、ジョブローテーションが起こるごとに、等級や報酬の上下動が起こるようでは、軋轢が起こる。職務ではなく、ヒトを軸にしていたほうがスムーズなのだ。

　この1階部分については、従来の日本企業の雇用・人材マネジメントを踏襲するため、イメージはつけやすいだろう。雇用の入口が、ジョブ型ではなく、メンバーシップ型なので、入口に近いステージではヒトを軸にした人材マネジメントのほうが親和性があるのだ。

◎2階部分：メンバーシップ型雇用×ジョブ型人材マネジメント

　2階部分は「ジョブ型人材マネジメント」が適用になる。個々の職務を明確にし、職務にマッチした人材を配置していく。職務に応じた評価・処遇をおこなうことで、社員に職務へのコミットメントの促進と適正報酬を実現していく。また、職務ごとに求められる教育機会の提供、必要に応じて改善要請による代謝促進をおこなうわけだ。

　後述するが、2階部分はジョブ型人材マネジメントではあるが、メンバーシップ型雇用のため、任命権は会社が持つこととなる。組織の欠員要請や本人の実績・能力をもとに、会社が配置を決めていく。

　また、2階部分の大きなポイントは、職務価値をもとにした適正報酬である。職責と報酬の不整合は日本企業において大きな課題である。やってもやらなくても同じでは、社員の意欲を引き出し、競争力を維持することはできない。特に、2階部分は、企業運営の要ともなるべき職務が増えてくる。2階部分を職務基準での報酬制度にすることで、社員のコミットメントを引き出していくことは最重要ポイントの1つとなる。

2階部分は、導入当初は管理職からスタートする企業がほとんどである。管理職が組織運営の要であるとともに、ポジションとしても職務を明確にしやすい。

　従来からの職能資格制度では、管理職層における職責と報酬の不整合を課題視することが多い。管理職層では、役職による職責差が明らかであり、報酬との不整合が際立つからだ。そのため、適正報酬の実現に向けて、まずは管理職から手をつける企業が多い。

　ジョブ型人材マネジメントを会社全体で取り組んでいくような企業であれば、段階的に下位階層へと展開していく。

　例えば、ある企業ではグローバル化を急速に展開し、外国人と日本人が混成した多様性のある組織へシフトしていく必要があるとしよう。その場合、世界標準のジョブ型人材マネジメントを適用する社員層を増やしていくほうが、会社全体の運営がしやすくなる。企業によっては、採用時点まで限りなくジョブ型に近づけようとする企業も出てきている。

　ジョブ型先進企業のソニーグループは、2021年度の新卒採用では、事務系5コース、技術系65コースに分類して、採用時点からかなり絞り込んでジョブを選択できるようになっている（採用HPより）。これは、会社全体として、ジョブ型を推し進めていく力強い姿勢のひとつと捉えてよいだろう。

　コーン・フェリーがおこなった2021年の実態調査においても、ジョブ型人事制度を導入している調査対象企業43社のうち、ほとんどの企業は管理職層を適用対象としている（42社）。しかし、管理職層だけではなく、現場リーダー層（29社）・一般職層（24社）を適用対象としている企業は少なくない。程度は異なるかもしれないが、ジョブ型の推進を管理職層だけにとどめず、下の階層にも広げている動きが見て取れる。なお、同調査では役員層に適用している企業は25社であった。

◎離れ部分：ジョブ型雇用×ジョブ型人材マネジメント

　離れ部分は、高度専門人材である。第1章でも触れたが、AIエンジ

ニアを筆頭として、高度専門人材の獲得競争がグローバルレベルで激化している。もはや、他の社員と横並びの初任給水準では人材確保はできない。社内育成をおこなっても、高額報酬や最高の開発環境、潤沢な開発投資などにより、育った先から引き抜かれてしまう。

　しかし、高度専門人材の獲得・定着ができなければ、新たな事業創出やイノベーションはままならなくなる。高度専門人材の獲得・定着をおこなうためには、入口の採用時点から切り離し、市場相場に合わせた処遇を提示し、雇用することが必要になってくる。特定の職務に従事することを条件として特別な処遇を提示するため、これはジョブ型雇用といえる。

　人材獲得後も、特定専門領域の職務で専門力を磨いてもらい、社外に引き抜かれないように市場相応の報酬水準を付与する。当然、それに見合った成果を求めることとなる。職務遂行に特定の能力・スキル開発が必要であれば、教育投資をおこなっていく。職務を中心に据えた人材マネジメントである。

　この離れ部分の職種は、人材の希少性と市場の需給ギャップで決まってくる。希少性が高く、他からの転用が難しく、市場の需要が高ければ、報酬水準は高騰していく。そうなると、他社員と横並びの報酬では獲得・定着ができないため、切り離して「ジョブ型雇用×ジョブ型人材マネジメント」の適用にしていく。

　今後、新しいテクノロジーが生まれるたびに、このような離れ部分が増えてくる可能性はある。現在では、日本の教育システムは普通教育が一般的なため、少数派にとどまっている。しかし、教育機関で先端的な専門分野をおこなうようになると、ジョブ型雇用の裾野は広がっていくことだろう。

◎日本版ジョブ型におけるハイブリッド型の人材マネジメント

　やや複雑な構造となる日本版ジョブ型であるが、人材マネジメントも

やや込み入った構造となる（図表2-4）。

大きなポイントは以下のとおりである。

- 基幹人事制度は職能等級制度とジョブ型人事制度の組み合わせとなる
- 原則的には、ジョブ型人材マネジメントを主体とする
- 採用、代謝については、メンバーシップ型要素を大きく残す（残さざるを得ない）
- 人材採用は新卒一括採用によるメンバーシップ型雇用をおこなう
- 定年退職による代謝をおこなう

入り組んだ構造になっていくと、徐々に目的がわかりにくくなっていくが、ジョブ型へのシフトは第1章で解説したように日本企業で顕在化しつつある課題を解決するためである。その課題は、次の5つである。

図表2-4 日本版ジョブ型における人材マネジメントの全体像

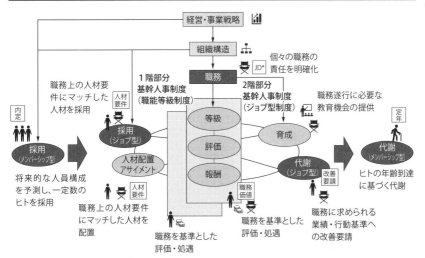

①報酬と職責の不整合

②低い労働生産性

③社員の高齢化と同一労働同一賃金

④専門人材の活用

⑤グローバルでの多様な人材マネジメントの実現

　これらを解決するために、人材マネジメントの主体をジョブ型人材マネジメントにシフトさせることは有効な選択肢である。

　ただし、日本社会・日本企業が長きにわたり、メンバーシップ型雇用を続けてきたがゆえに、雇用そのものはメンバーシップ型雇用から脱却しにくい構造になっている。そのため、入口（採用）と出口（代謝）はメンバーシップ型雇用の要素を大きく残す（残さざるを得ない）わけだ。

日本版ジョブ型の特徴： 雇用の保全性と任命権

◎高い雇用の保全性を求められる日本版ジョブ型

　日本版ジョブ型においては、一部の高度専門人材を除けば、メンバーシップ型雇用が残る。正社員としてメンバーシップ型雇用をする以上、職務の有無は雇用解消の合理性になり得ない。そのため、多くの日本企業が日本版ジョブ型へシフトしても、入口の新卒一括採用によるメンバーシップ型雇用が続くかぎりは、定年までの高い雇用の保全性が求められると考えてよいだろう。（図表2-5）

　ここで、押さえなければならないのは、解雇規制は個社ごとの雇用のありようで決まるのではなく、社会全体の雇用情勢から決まってくるということだ。

　日本社会は、いままでメンバーシップ型雇用を続けてきた。日本では、

図表 2-5 | **日本版ジョブ型の特徴**

	旧来の日本のメンバーシップ型	海外のジョブ型	日本版ジョブ型
	入社 職務の合意なきメンバーシップ型雇用	職務に相互合意したジョブ型雇用	入社 職務の合意なきメンバーシップ型雇用
雇用の保全性	職務の有無は雇用解消の合理性になり得ず、高い雇用の保全性を求められる	職務の有無は雇用解消の合理性になる	職務の有無は雇用解消の合理性になり得ず、高い雇用の保全性を求められる
任命権	会社が強い任命権を持ち、人材配置を柔軟にできる	会社は任命権を持たず、配置転換は会社が一方的に決めることはできない	会社が強い任命権を持ち、人材配置を柔軟にできる ただし、任命権を手放し、相互合意による人材配置にシフトすることも可能

解雇は客観的に合理的な理由がなく、社会一般的に相当な処置と認められないかぎり無効とする「解雇濫用法理」があり、それが広く適用される。過去に、ジョブ型雇用をおこなう外資系企業で、退職勧奨による解雇を不服として社員側が係争したところ、解雇無効とされた判例もある。**個社がジョブ型雇用を推し進めたとしても、必ずしも雇用解消の客観的合理性が認められるわけではないのだ。**

　法律や法解釈が変わっていくのは、現実が変化したときだ。つまり、先に不具合が様々なかたちで表出し、社会的な要請や圧力がかかるようになり、法律や法解釈が変わる。

　例えば、社会全体の高齢化が進み、年金だけでは十分な暮らしが成り立たなくなるようになり、高齢者雇用が法制化された。正社員と非正規社員の格差が広がり、非正規社員の困窮が社会問題化していくことで、同一労働同一賃金の法整備がなされてきた。**解雇規制についても同様に、現実が変化しなければ、法律や法解釈が変わることはないだろう。**

　解雇規制緩和は、経済界からの要請はあるものの、一方で社会的には雇用安定を求める声も大きい。社会から雇用規制緩和が受け入れられるには、現在の雇用情勢に不安がなくなったときだ。例えば、潤沢に好条件の転職機会があふれ、解雇自体の不安が社会的に解消されるときや、ベーシックインカムなどが適用され雇用を失っても十分に生活ができるような状況が整うときだ。日本社会の現在の状況を見ると、社会全体で雇用不安解消となるまでには相当のギャップがあり、当面、日本企業では高い雇用の保全性を求められることであろう。

　会社がジョブ型人材マネジメントを推し進めていくと、会社に必要な職務と人員が、量・質ともに明らかになっていく。そのなかで、職務のミスマッチや余剰人員を抱えてしまうことも十分に起こり得る。その際に、会社は自然代謝に委ねるのではなく、適正代謝が起こるようにしていかねばならない。解雇という強制代謝ではなく、社員本人の意志による適正代謝である。

　そのためには、社員自身がミスマッチに気づいたり、外部の就労機会

を後押ししたりするような施策を組み合わせていかなければならない。具体的には、**評価のフィードバックやPID（業績改善計画）、希望退職支援制度の充実**などだ。PIP（業績改善計画）は、外資系企業で退職勧奨の一環としておこなわれることが多いのでイメージがあまりよくないが、本来はフィードバックの一部である。職務に求められる成果基準を示し、どのように達成していくかを組織内で計画し、改善をはかっていくものである。改善見込みが全くないようであれば、社外の選択肢も含め、進退についてのコミュニケーションをはかるものだ。

このあたりの日本版ジョブ型における代謝は、第4章で改めて詳しく解説することとする。雇用確保の保全性に合わせ、適正代謝のあり方は企業が認識しておかねばならない重要な論点といえよう。

◎ 任命権は基本的には会社が持つ日本版ジョブ型

日本版ジョブ型の大半の職種において、メンバーシップ型雇用が前提であり、基本的には会社が任命権を持つ。

ただし、従来どおりに柔軟なジョブローテーションがおこなわれるかというと、そうではなくなるだろう。特に、ジョブ型人材マネジメントが適用される2階部分は、配置転換は絞り込まれるであろう。それには、大きく2つの理由がある。

①適所適材の人材配置が重要度を増す

ジョブ型人材マネジメントでは、個々の職務が十分に機能することに優先度が置かれる。個々の職務が機能することが、経営・事業戦略の達成につながる。そして、個々の職務を機能させるために、採用・人材配置・評価・報酬・代謝などのジョブ型人材マネジメントを組み上げるのだ。人材配置は、個々の職務を機能させるために、最重要な機能の1つといえる。

事業・組織戦略から、個々の職務が設計され、職務内容や職責が明らかにされる。そして、その職務に最適な人材を配置する。「職務に空き

があるから」という理由だけで、未経験人材が配置されることは少なくなる。むしろ、職務を実行できる能力・実績を持つ人材が優先的に配置されるようになる。この職務基準の配置の考え方を「**適所適材**」と呼ぶ。

　昨今では、商流は複雑化し、テクノロジーは急激に進化しており、要職への人材配置はその重要度を増している。判断を1つ誤ると、組織全体で大きな痛手を被るリスクが急増しているからだ。例えば、日本ではDXの重要性が高まっているが、デジタルリテラシーがない社員をDX推進部長としても、全く物事が進まないどころか、炎上トラブルや他のDX人材との軋轢・人材流出などにつながりかねない。職務を有効に機能させるためには、職務適性がある人材を配置しなければならないのである。

　個々の職務にマッチした実績・能力の人材を配置したら、基本的にはその職務での専門化が期待される。最適な人材を引き抜いて、また別の領域の職務へ配置転換させるには相応の理由が必要となる。異動には異動コストがかかるため、適所に配置した人材を他所に配置転換するには、コストに見合ったリターンがなければ、合理性がないのである。

②人材配置の処遇への影響度が強まる

　ジョブ型人材マネジメントでは、従事する職務の職務価値によって、評価・処遇が決まってくる。異動先の職務によって、処遇が変動する可能性があるのだ。つまり、人材配置と処遇が直結する。異動のたびに、処遇の上下動が頻発するようになると、社員は疲弊し、モチベーションの維持は難しくなる。

　では、同程度の等級・処遇にスライドすれば問題ないかというと、そうでもない。たとえ配置転換によって一時的に等級・処遇がスライドしても、異動先で職務価値の高い職務につかなければ、将来的なキャリアアップにつながらない。異動により、キャリアアップの機会が遅れてしまうリスクは十分にあり得る。

　人材配置と処遇が、直接的（あるいは間接的）に処遇に影響を及ぼす

ため、会社は個々の異動に説明責任を果たすことが求められる。異動を決定する側は、人材配置が対象者のキャリアや処遇に少なからず影響を及ぼすため、異動の根拠や意図を明らかにすることが期待される。人材配置が単なる欠員補充だけではなく、個々人にとっての意味づけをしなければならないのだ。

これらの2つの理由から、日本版ジョブ型においては、会社が任命権を持って主導する配置転換は継続しておこなわれる。ただし、配置転換の頻度そのものは戦略的な意味合いを持つ配置転換を中心に絞られてくることが多くなる。

◎任命権を手放す選択肢──ジョブポスティング

日本版ジョブ型では、組織に必要な人員を充足させつつ、適所適材を実現するために、会社が任命権を行使して配置転換をおこなうのがスタンダードとなる。ただし、会社の任命権による配置転換は、必ずしも社員のキャリア意識や貢献意欲を喚起するものではない。

ある程度は社員のキャリア意向を反映するとしても、全ての人材配置で個人のキャリア意向を汲み取れるわけではない。また、会社の任命権による配置転換は、社員のキャリアに対する自己効力感を奪ってしまう。

本来は、十分な能力・実績に加えて、意欲ある人材に職務を任せるほうが、高いパフォーマンスを期待できる。それを実現するのが、ジョブポスティング（社内公募制度）である。この制度は本人の自主性による職務への応募を促すものであり、会社が任命権を手放す仕組みともいえる。社員側に、職務選択の自由度を与えるという点では、実にフェアな仕組みである。本人の自己選択を伴うため、相応のコミットメントが期待できるとともに、職務に対する満足度向上や定着率向上も期待できる。

日本版ジョブ型においては、任命権を手放すかどうかは、会社が決めることである。「会社がどの程度、人員配置を統制する必要があるか」あるいは、「会社がどの程度社員の自立的なキャリア形成を期待するか」によって決まってくる。

ジョブポスティングでは、社員の応募に偏りが出る。例えば、これから伸びていく成長事業と、低迷している事業があれば、成長事業に人材が集中しがちである。低迷事業からエース社員が次々と抜けていくようでは、事業継続も危うくなる。このように、人材配置の統制がとれなくなることを、どこまで許容できるかを考えなければならない。

　一方で、得られるものも大きい。ジョブポスティングは、社内で転職市場をつくるようなものである。自己選択により、職務を勝ち取った社員のコミットメントは高まる。職場も、「社員から選ばれる職務・職場」にならなければ、他組織へ人材が流出してしまう。ジョブポスティングの取り組みが、企業の活性化につながるきっかけになり得るのだ。

　何も全面的にジョブポスティングをおこなわなくてもよい。会社主導の人材配置と併用し、任命権を手放し、自主的なキャリア形成を促すジョブポスティングを部分的に導入する選択肢は一考の余地があるだろう。

日本版ジョブ型における
キャリアのかたち

◎2つのキャリアパターン

　ジョブ型へのシフトは、日本人ビジネスパーソンのキャリアにも大きな影響を及ぼす。これまでのメンバーシップ型雇用の日本企業はゼネラリストキャリアが中心であった。会社は、事業の拡大・縮小や退職者発生による人員の過不足に対して、社内人材のジョブローテーションで対応してきた。それは、管理職レベルの上位階層も例外ではなく、大規模なジョブローテーションを毎年、定期的におこなう日本企業は多い。社員は、会社の任命権に応じて、どのような職務でも柔軟に適応できるゼネラリストが求められ、ゼネラリストのなかから、大局観を持って経営のかじ取りをおこなう経営幹部候補が生まれてきた。

　第1章で海外のジョブ型雇用ではスペシャリストキャリアが中心となり、選抜された経営幹部候補がゼネラリストキャリアを歩むと述べたが、日本版ジョブ型でもそのエッセンスが取り込まれていく。

　日本版ジョブ型のキャリアのパターンは、一部の高度専門人材を除くと、大きく2つに分かれていくと考えられる。(図表2-6)

①徐々に専門化の道を歩む一般的なキャリア

　多くの社員は、ゼネラリストから徐々にスペシャリストへシフトするキャリアを歩んでいく。日本版ジョブ型では、新卒一括採用として、ビジネス経験のない人材のポテンシャルを見込んで採用する。欠員補充と人材育成の両方の観点から、複数の職場・職種のジョブローテーションをおこなっていくことが必要となる。そのため、入社から一定階層までは、ゼネラリストとしての育成がおこなわれる。このゼネラリストキャリアは、従来の日本企業では一般的である。

　しかし、一定階層以上になると、キャリアの専門化・固定化が起こっ

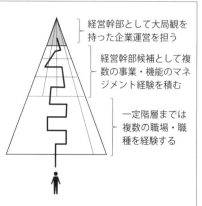

図表2-6 日本版ジョブ型のキャリア

一般的なキャリア

特定の専門領域を
追求する

一定階層までは
複数の職場・職
種を経験する

経営幹部のキャリア

経営幹部として大局観を
持った企業運営を担う

経営幹部候補として複
数の事業・機能のマネ
ジメント経験を積む

一定階層までは
複数の職場・職
種を経験する

てくる。ジョブ型人材マネジメントが適用され、適所適材が重視される
ようになるとともに、人材配置が処遇へ影響力を持つようになる。上位
階層の職務への人材配置は、実績・経験が大きな判断要因となり、同系
統の職務への配置が優先されるようになる。

　この専門化の流れは、グローバル競争を勝ち抜いていくうえでは、避
けては通れないことだ。海外では、ジョブ型雇用であるが、雇用時点か
ら個々の職務（ジョブ）の実績・経験や適性のある人材を採用・配置す
る。つまり、企業内は専門家集団で構成されているのである。

　このような競合に対して、「何でもできるゼネラリスト集団」で対抗
して競争力を維持していくのは厳しい。特に、変化の激しい経営環境下
ではなおさらだ。事業・機能に対する理解不足や判断の遅れが致命的な
ダメージにつながりかねない。企業の各事業・機能を動かしていく要の
職務には、事業・機能を熟知した人材を配置・育成していかなければ、
競争力を維持できないのだ。

　日本版ジョブ型は2階建ての人材マネジメントとなり、ゼネラリスト
からスペシャリストへ徐々にシフトしていくキャリアが中心になってい

くだろう。

②複数の事業・機能経験を計画的に積ませていく経営幹部キャリア

　日本版ジョブ型では、ゼネラリスト集団からスペシャリスト集団へと企業全体がシフトしていく。特に、上位階層では専門化が進んでいくだろう。しかし、企業の持続的成長の観点からはリスクがある。次世代を担う経営人材の枯渇リスクだ。

　企業トップが特定の事業・機能の専門家であっては、企業全体の舵取りは難しくなる。様々な事業・機能を理解し、大局的に物事を捉えて、全体戦略を打ち出していくゼネラリストでなければならないのだ。従来は、会社全体がゼネラリスト集団であったために自然発生的に経営人材が輩出されてきたが、専門化が進んでいくと、同じようにはいかない。次世代の経営幹部人材を見極め、計画的に経験を積ませていくサクセッションプラン（後継人材育成計画）が必要となる。

　サクセッションプランで必要なのは、人材の発掘と計画的人材配置である。経営素養のある人材をいかに発掘し、良質な経験を積ませるかが重要なポイントである。ジョブ型人材マネジメントでは、実績・経験を重視した人材配置となるが、サクセッションプランは投資的な人材配置である。将来の経営幹部候補を育てるために、あえて未経験の事業・機能を経験させるのだ。つまり、実績重視のジョブ型の人材配置のなかで、いかに投資として「割り込み」をさせるかが、成否のカギを握る。

　そのためには、人材配置に対する全社的統制がとれる体制・プロセスをつくっておかねばならない。これは、サクセッションプランで割り込みをかけるためだけではなく、組織設計や人材配置の透明性・公平性を保つためにも重要である。

　ジョブ型では、組織設計や人材配置が処遇に影響力を持つようになる。しかし、ヒトが組織設計や人材配置を決めていくため、情に流されるリスクが常に存在する。事業・組織責任者が、目をかけている部下のために、ポジションを増設したり、強引な抜擢・登用をおこなったりするこ

とだ。このような運用が横行しだすと、透明性・公平性は損なわれ、社員の経営や人事に対する信頼がなくなる。

　それを避けるためには、組織設計や人材配置の実態をモニタリングし、いざというときにブレーキをかけられるプロセス・体制が必要なのだ。

　人材マネジメントが変わると、社員のキャリアのありようも変わってくる。会社全体の教育や人材活用を考えていくためにも、日本版ジョブ型におけるキャリアは押さえておくとよいだろう。

◎成長分野への配置転換と戦力化の必要性

　個々のキャリアとは別に押さえておきたいポイントは、会社全体での人材リソース配分の組み換えである。そもそも、組織における職務・人員の適正数は、経営・事業戦略に基づくものだ。しかし、組織・人事には「慣性の法則」が効きがちであり、過去の体制・人員を踏襲したものになりやすい。

　本来であれば、消費動向の変化や競争の激化、新興勢力の台頭などに応じ、事業の位置づけや職務の適正数、人材配置のあり方も変わってくる。しかし、慣性の法則にのっとり運用していると、いつの間にか過剰人員になりかねない。

　経営としては、全体の事業ポートフォリオを把握し、どこに重点的に経営資源を投下するかを決め、人材リソースの配分の組み換えなどを、適宜、おこなわなければならない。

　海外のジョブ型雇用であれば、縮小事業から人員を減らし、成長事業で新たに職務にマッチした人材を雇用すればよいかもしれない。しかし、日本版ジョブ型では、そうはいかない。メンバーシップ型雇用でもあり、会社には高い雇用の保全性が求められる。そのため、職務に求められる人材要件に多少のギャップがあったとしても、配置転換をおこなわざるを得ない。これは、適所適材の考え方とは整合しないが、仕方のない部分と言えよう。その代わり、ギャップを明らかにし、ギャップを埋めるための教育機会を与え、スキルを再獲得（リスキル）させることが重要

なのだ。

2019年に経団連の故・中西宏明会長（当時、日立製作所会長）が出した終身雇用に関するメッセージは、終身雇用の限界と同時に、社員の職務転換・戦力化の必要性を説いていることがわかる。

「終身雇用を前提に企業運営、事業活動を考えることには限界がきている。外部環境の変化に伴い、就職した時点と同じ事業がずっと継続するとは考えにくい。働き手がこれまでも従事していた仕事がなくなるという現実に直面している。そこで、経営層も従業員も、職種転換に取り組み、社内外での活躍の場を模索して就労の継続に務めている。利益が上がらない事業で無理に雇用継続することは、従業員にとっても不幸であり、早く踏ん切りをつけて、今とは違うビジネスに挑戦することが重要である。」（2019年5月7日　定例記者会見　経団連発表、傍点筆者）

昨今は経営環境の変化は激しく、短期間に産業構造自体が大きく変わることも珍しくない。だからこそ、事業のポートフォリオを定期的にモニタリングし、人材リソースの組み換えを戦略的かつ機敏におこなっていかねばならない。非成長分野から成長分野に、供給過多な職種から人材不足の職種への人材リソース転換は、いざというタイミングではなく、常時、考えておかねばならない。

ここで難しい問題は、社員の学習意欲である。いかに会社がスキル獲得の機会を提供したとしても、本人の意欲がわかなければリスキルは実現しない。そのために、会社側は意識改革とキャリア教育が必須になる。

従来、日本企業は会社が任命権を持ち、ある意味都合よく社員を使ってきた。本人の意志にかかわらず、職種・職場へと配置転換を命じられることが起こるため、キャリアに対する一種の諦めが出てきてしまう。

リスキルについて、「会社が教育機会を提供しても、社員の学ぶ意欲が低い」という経営者・人事部門の苦言を耳にすることもあるが、これ

は一概に社員だけの責任ではない。任命権を行使し、社員からキャリアを考える機会を奪ってきた日本企業の責任でもある。会社としても、根気よく、社員の意識改革をはからねばならない。

そのためには、Why（なぜ、リスキルが必要か）とHow（どうすれば、リスキルができるか）をセットにして、徹底的に社内で浸透させていかねばならない。経営陣や人事部門から、様々な形でメッセージを発信し、リスキルに対する社内意識の底上げをはかる。そして、学びの機会と環境を提供し、いざ本人が学ぼうと思ったときに、すぐに学びへアクセスできるようにしなければならない。そして、持続的に学びが継続するように、コミュニティー形成やイベントなどを仕掛けていくことだ。

高い雇用の保全性を求められつつ、個々の社員の専門化による組織力強化と、会社全体での最適なリソース配分を同時に実現しなければならない。それをスムーズにおこなっていくためには、リスキルによる戦力化は欠かすことができないだろう。

コラム ....

日本版ジョブ型は
どんな企業にマッチするのか

日本版ジョブ型へシフトすることで得られるメリットは大きい。ジョブ型人材マネジメントをおこなうことで、職責と報酬の適正化や生産性向上、専門人材の確保、グローバル化対応など、日本企業が直面する様々な課題対応の解決につながるだろう。

しかし、全ての企業で等しくメリットを享受できるわけではない。そもそも、ビジネスモデルとジョブ型人材マネジメントとの相性を考慮しなければならない。

ジョブ型は、「職務」が軸になるため、職務を先に決めて、労働投入することで付加価値につながるビジネスと相性がよい。バリューチェー

ジョブ型の相性が良いビジネス　　　ジョブ型の相性が悪いビジネス

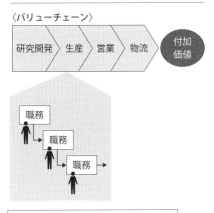

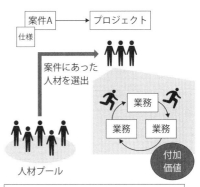

「職務」を先に決めて、労働投入することで
付加価値が出るビジネス

「ヒト」を先に決めて、要請や状況に合わせて
柔軟に業務を組み立てるビジネス

ンに沿って、職務を設計し、社員を配置して労働投入することで付加価値が出るようなビジネスだ。組織戦で付加価値を出すような会社であり、世の中の多くの会社が、このタイプの会社にあてはまる。(図表2-7)

　一方で、「ヒト」ありきで、柔軟に業務を組み立てるビジネスはジョブ型と相性が悪い。製品・サービスなどは決まったものがなく、顧客要請や時々の状況によって最適な社員を選出・編成し、カスタムメイドで業務を組み立てていくようなビジネスだ。

　例えば、広告代理店などでは、顧客の要望に応じて、様々なタイプの案件を請け負う。デジタル広告やイベント広告、ポスターなど、顧客の要望次第で様々なソリューションの組み合わせになる。そこで、受注案件ごとに、その案件にフィットした人材を柔軟に配置することが必要となる。デジタルに強い人、クリエィティブに強い人、特定の産業に強い人など、様々なヒトの組み合わせで付加価値を出していくのだ。この場合、付加価値の源泉は「ヒト」にある。だからこそ、ジョブ型との相性が悪いのだ。

現在の多くの日本企業は、旧来の人事慣行による課題が顕在化しており、日本版ジョブ型が解決の糸口になる部分は大きい。しかし、自社にマッチするかどうかは、各社の事業・組織のあり方次第だ。そもそも、ジョブ型が自社に合うかどうかを慎重に検討することを推奨したい。

第2部

日本版ジョブ型人事制度の構築と運用

ジョブ型人事制度の構築

ジョブ型人事制度の全体像

◎全ては職務が起点

本章では、日本版ジョブ型人事制度の構築について、その重要なポイントになる次の4点を中心に解説していく（図表3-1）。

- **職務**：経営・事業戦略に基づき組織設計がなされ、個々の職務が明確になっている
- **等級**：個々の職務の職務価値（Job Size）に応じて、等級格付けがされている（職務等級）
- **評価**：職務等級の等級区分ごとに評価基準が定められている
- **報酬**：職務等級及び評価により、報酬が付与される

図表3-1に示されるように、全ては職務が起点になっていることが最大の特徴である。職務が人事制度の全ての土台であり、等級制度が職務価値に応じた制度であることから、「**職務等級制度**」と呼ばれる。昨今は、ジョブ型雇用・メンバーシップ型雇用の言葉の普及とともに、「ジョブ型人事制度」と呼ばれるようになった。

誤解してはならないのは、ジョブ型人事制度といっても、唯一絶対の制度のかたちがあるものではない。ジョブ型人事制度では、職務記述書、職務等級、職務給などの複数の要素で構成されている。そして、要素ごとに選択肢があり、制度には幅がある。会社ごとに解決したい課題や優先順位は異なるため、それぞれに制度の内容は変わってくる。ジョブ型人事制度の場合、テクニカルな部分で、「職務記述書はなければならない」「職務給は一律金額でなければならない」といった先入観が多いように見受けられる。**職能等級制度や役割等級制度においても制度内容には幅があるように、ジョブ型人事制度においても制度設計の幅があるこ**

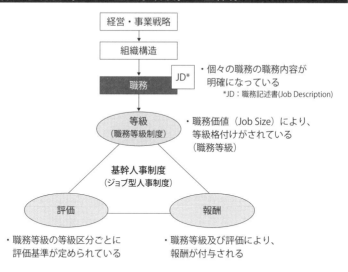

図表3-1 | 基幹人事制度（ジョブ型人事制度）の全体像

経営・事業戦略

組織構造

職務　JD*

・個々の職務の職務内容が
明確になっている
*JD：職務記述書(Job Description)

等級
（職務等級制度）

・職務価値（Job Size）により、
等級格付けがされている
（職務等級）

基幹人事制度
（ジョブ型人事制度）

評価

報酬

・職務等級の等級区分ごとに
評価基準が定められている

・職務等級及び評価により、
報酬が付与される

とを認識することが重要となる。

　まず、何をもって、ジョブ型人事制度と言えるかについて整理しよう。
ジョブ型人事制度の基本要件は、

①職務の明確化（≒職務記述書の整備）

②職務価値に応じた等級格付け（＝職務評価）

に集約される。このうち、「①職務の明確化」は任意要件、「②職務価値に応じた等級格付け」は必要要件である。

　まず、「①職務の明確化（≒職務記述書の整備）」は、ジョブ型人事制度において、必ずしもなければならないものではない。それは、職務記述書とは、職務内容を言語化したものにすぎず、職務記述書がなくとも職務自体は存在するからだ。もちろん、職務内容が明確になったほうが望ましいことではあるが、**重要なことは職務記述書を何のために整備し、何に活用するか**だ。組織運営のマネジメントツールや人材配置・人材育成の土台としての機能を期待し、実際に活用していくのであれば、有用性は高い。しかし、とりあえず、職務記述書の形式だけ整えていくこと

は推奨できない。職務記述書の整備や更新には、大きな負荷がかかる。活用用途が曖昧で、運用が形骸化してしまうと、せっかく手間をかけて職務記述書を整備しても無駄になる。自社の目的・活用方法・運用能力を十分に見極めて、取り入れるかどうかを決めなければならない。

　「②職務価値に応じた等級格付け」は、職務と人事制度を結びつける最も重要な連結機能を担う。人事制度はつまるところ、社員を動機づけて、会社の期待する方向性へ動かしていくためのマネジメントシステムである。評価・処遇が伴わない人事制度では、社員は動かない。職務価値の大きい職務（≒職責の大きな仕事）につくことに対する認知や、相応の評価・報酬をおこなうことで、社員の職務に対するコミットメントを引き出していく。このような動機づけ機能の根幹となる部分は「②職務価値に応じた等級格付け」である。だからこそ、ジョブ型人事制度の必要要件に位置づけられるのだ。

職務の明確化：職務記述書

◎職務記述書のメリット・デメリット

　前項で解説したように、職務記述書はジョブ型人事制度における任意要件であり、絶対に必要なわけではない。実際に、ジョブ型人事制度を導入している外資系企業の日本法人でも、職務記述書を持たない企業は多い。コーン・フェリーが2021年におこなった実態調査では、ジョブ型人事制度の対象となる全てのポジションで職務記述書を持つ企業は、調査協力33社中約半数の17社にとどまっている。これは、ジョブ型人事制度イコール職務記述書ではない実態を表しているといえる（図表3-2）。

　職務記述書には、メリットとデメリットがある。メリットは、職務内容が明確になることである。自社における各職務の職務内容を改めて文書化することにより、組織内の役割分担や各職務の責任を明らかにすることができる。また、各職務に求められる能力やスキルを明らかにする

図表 3-2 職務記述書の整備状況

ジョブ型人事制度導入企業における職務記述書の有無　　　　（n=33）

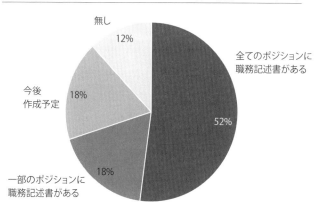

無し　12%

今後作成予定　18%

一部のポジションに職務記述書がある　18%

全てのポジションに職務記述書がある　52%

出所：コーン・フェリー　ジョブ型雇用・人事制度の実態調査（2021年）

ことにより、人材配置や人材育成に活かすことも可能になる。一方で、デメリットは何かというと、メンテナンスの負荷が大きいことだ。

　組織の改廃や新設、役割の変更に伴い、職務記述書の更新は必要となる。職務記述書は、組織内で上司・部下や同僚間での職務（ジョブ）に対する共通認識を持つためには強力なツールとなり得るが、あくまでも使用者である事業部門がオーナーシップを持って運用して、初めてその機能を果たす。職務記述書の更新が、面倒な人事の手続きと認識されると、職務記述書の形骸化はすぐに起きる。人事部は、事業部門のオーナーシップを常に喚起し、啓蒙をおこなわなければ、本来の職務記述書の基本機能が損なわれてしまうのだ。

　この点が、日本企業で職務記述書を整備する際に悩ましいポイントとなる。海外では、ジョブ型雇用が一般化しており、事業部門がオーナーシップを持って社員採用時に職務記述書を提示するのが一般的である。

　また、職務内容が変わるようであれば、職務記述書を更新し、書面ベースで内容が変わることを上司・部下間で確認することも普通におこなわれている。職務記述書が職務（ジョブ）に対する共通認識を持つためのツールとして定着しており、現場マネジメントも職務記述書リテラシーが高い。

　日本企業では、職務無限定のメンバーシップ型雇用でのマネジメントが主流だったため、現場マネジメントの職務記述書リテラシーはあまりない。そのため、海外のジョブ型雇用で職務記述書が一般的だからといって、そのまま日本企業に持ち込んでも機能しない。人事部による職務記述書に対する基礎的な教育や啓蒙活動、継続的支援なども必要となる。

　職務記述書は、それから得られる効果と必要とする投資（現場負荷・人事支援等）を踏まえて、慎重に判断することが重要である。しかし、効果の部分は制度構築の初期段階では見えにくい。

　一方で、職務記述書の整備は確実に労力を要する。大企業であれば、なおさらだ。パイロット的に特定部門に絞ってスタートして効果を確認し、段階的に展開することも有効な選択肢といえよう。

◎職務記述書のフォーマット

　職務記述書の内容は、活用用途によって、搭載する情報が大きく異なる。活用用途は主に3つの用途に分かれる（図表3-3）。

　①経営・事業戦略から導かれる各職務への期待を明らかにする

　②等級格付け（職務評価）の評価根拠とする

　③各職務への配置適性判断や人材開発に活用する

　それぞれの用途ごとに、盛り込むべき内容は変わってくる。①の場合、職務の目的や成果責任が必要となる。成果責任とは、「経営から期待される成果をあげる責任」のことで、「アカンタビリティ」とも呼ばれる。職務記述書の多くは、①の活用用途が期待される。そのため、「成果責任」に類する内容は、ほぼ全ての職務記述書に含まれている。

　②の場合、職務の外形的情報が必要になる（「職務評価の内容」参照、106ページ）。例えば、売上等のKPI、組織規模、管掌機能など、その職務の規模感やマネジメントスパン、機能の複雑さなどが類推できる情報を盛り込む。

　③の場合、職務に求められる人材要件や経験、スキルなどが必要とな

図表3-3 | 職務記述書の内容

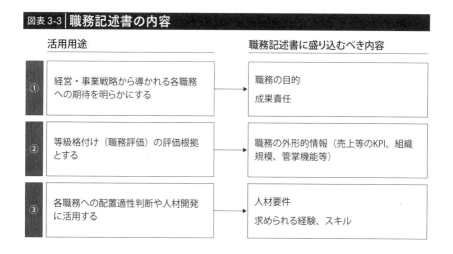

第3章　ジョブ型人事制度の構築　83

る。人材配置の候補者を選ぶ際の判断軸や後継人材の育成方針の参考情報として活用が可能になる。

　具体的にイメージしやすいよう、図表3-4①②の２つのタイプの職務記述書のサンプルを見ていただきたい。

　フォーマット例Aは、前述の活用用途のうち、①②③の全てに対応できる内容であり、職務内容を様々な切り口で表現したものになる。フォーマット例Bは、①の活用用途に絞り込んだものである。職務上、期待される成果をあげる責任（成果責任）は何かを問うような内容になっている。

　職務記述書の内容を充実させるか、絞り込むかの判断は、費用対効果につきる。運用の負荷は費用（コスト）に他ならない。それを上回る効果が期待できなければ、過剰投資となる。つまるところ、「職務記述書に搭載している情報をどこまで有効活用できるか？」がポイントとなる。

　企画側は、せっかく現場を巻き込んで職務記述書をつくるのであれば、色々な内容を盛り込みたいという欲求が起きがちである。しかし、いかに充実した内容になっても、使いこなせなければ意味がない。**職務記述書を充実した内容にする場合は、「なぜやるか（Why）」「どうやって活用するか（How）」を相当練り込み、きちんと効果が出るように体制やプロセスを組んでいくことが重要**である。

　コーン・フェリーが2021年春におこなった実態調査では、「職務に求められる役割・責任（成果責任）」が最も多く、次いで「職務の目的」「求められる能力・スキル」「求められる経験」などが続いている。①の活用用途がやはりメインで、あわせて③の活用用途を期待している企業が多いことを表しているといえる（図表3-5）。

◎成果責任のポイント①　「責任」というレイヤーで捉える

　職務記述書の核となる部分は、「成果責任」である。この成果責任のクオリティによって、大きく職務記述書の成否は分かれる。そのため、本項以降では成果責任について詳しく解説する。

図表 3-4①│職務記述書のフォーマット例 A

職務記述書

ポジション名	事業企画部長	現職者名	田中　太郎

期待される成果責任

①中期（短期）の事業計画を策定し、事業戦略の方向性を明示する
②事業部内の計数管理を通し、実態把握と予測をおこない、意思決定に必要な情報提供と対応策の立案をおこなう
③事業部内での情報共有の仕組みを構築し、事業部内で必要十分な情報流通を実現する
④持続的成長に向けて、新規事業のインキュベーションをおこなう
⑤他事業企画と連携し、事業横断的な営業・開発の協力体制を構築する
⑥事業部内のスキルマップを策定し、事業部内教育体制を構築・運営する
⑦事業企画部長の後継者候補の育成をおこなうとともに、部員全体のスキルアップをおこなう

レポート先	X事業部長
部下数	18人
職務に関連する量的指標と規模感	X事業売上 ーYYY億円　X事業利益 ーYY億円

人材要件

戦略思考	事実をもとに、論理立てて戦略を組み立てる思考力
変革意欲	前例踏襲を良しとせず、果敢に変革に挑戦する意欲
リーダーシップ	リーダーとしての意識を持ち、周囲を鼓舞し勇気づける力

傘下の組織図

期待される経験

プロジェクト型による業務運営が多く求められるため、課題抽出、目標設定、施策立案、実行といった仕事の進め方の経験は必須。
計数をもとに事業上の施策を立てていくため、計数と事業の両方を見る海外法人の責任者ポジションの経験があると望ましい

必要なスキル

ビジネスレベルの語学力

図表 3-4② 職務記述書のフォーマット例 B

職務記述書	

ポジション名	製造部長	現職者名	山田　次郎

職務の目的
環境に配慮した高品質な製品を市場に供給することで、顧客に体験する喜びを提供し、感動価値を創出する

期待される成果責任	
経営数値	①製造部の目標生産量及び目標コストを達成する ②製造部の不良発生率を低減する
戦略策定	③高品質・低コスト・納期遵守のための製造戦略（設備投資による省力化・外部委託化等）を立案し、実行する
内部プロセス	④製造基準・業務標準を完備し、製品の安定供給を実現する ⑤生産効率を高めるための、プロセス改善をおこなう ⑥生産稼働データ（リアルタイム操業状況等）を収集・分析し、効果的な調達プロセス・シフト体制を実現する ⑦製造部の安全衛生を確保する
組織成長	⑧スキルマップを整備し、製造部員の技能レベルを向上させる ⑨製造部長の後継人材を育成する
外部との関係維持	⑩良質なサプライヤー・協力会社を開拓し、柔軟な生産体制を組むためのネットワークを維持・強化する ⑪共同開発が可能な研究機関（大学等）と関係を構築・強化する

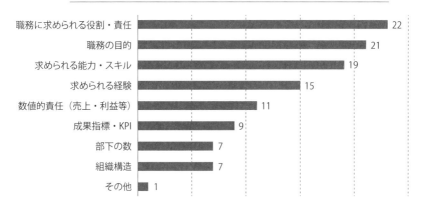

職務記述書の記載内容 (n=23)

項目	数
職務に求められる役割・責任	22
職務の目的	21
求められる能力・スキル	19
求められる経験	15
数値的責任（売上・利益等）	11
成果指標・KPI	9
部下の数	7
組織構造	7
その他	1

出所：コーン・フェリー ジョブ型雇用・人事制度の実態調査（2021年）

　職務は捉え方にいくつかのレイヤーが存在する。目的（パーパス）、成果責任（アカンタビリティ）、課業（タスク）のレイヤーである（図表3-6）。

　課業は、日々の業務である。営業課長であれば、顧客に対する情報収集や顧客訪問、提案書作成やシステム入力、社内調整や週報のチェックなど、様々な業務に対応することが求められる。

　成果責任は、それらの業務の結果として、何に責任を持つかを表現したものである。例えば、「顧客の課題を的確に把握し、課題解決につながる製品・サービス・ソリューションを提案し、受注する」といった責任だ。

　目的は、さらに高いレイヤーであり、そもそも何のために責任を果たすべきかを示すものだ。

　ここで重要なポイントは、課業は成果責任を果たすために、状況の変化に応じて柔軟に組み替えなければならないことだ。そして、成果責任につながらない課業は全く無駄な課業といえる。

　営業課長の例でいえば、顧客からクレームが来たら、他の課業を全て白紙に戻してでも対策に奔走するだろう。顧客の不興を買い、取引を停

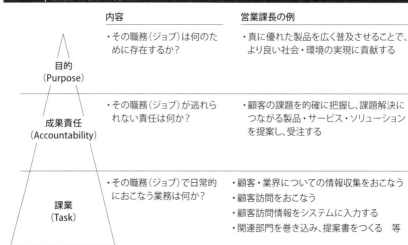

図表3-6 職務の捉え方のレイヤー

	内容	営業課長の例
目的 (Purpose)	・その職務(ジョブ)は何のために存在するか?	・真に優れた製品を広く普及させることで、より良い社会・環境の実現に貢献する
成果責任 (Accountability)	・その職務(ジョブ)が逃れられない責任は何か?	・顧客の課題を的確に把握し、課題解決につながる製品・サービス・ソリューションを提案し、受注する
課業 (Task)	・その職務(ジョブ)で日常的におこなう業務は何か?	・顧客・業界についての情報収集をおこなう ・顧客訪問をおこなう ・顧客訪問情報をシステムに入力する ・関連部門を巻き込み、提案書をつくる　等

止されると、成果責任を果たしたことにならないからだ。例えば、顧客や業界に精通していたとしても、受注につながるような情報を把握していなければ意味がない。課業は、責任を果たすために組み立てられるべきなのだ。

　人事コンサルティングをおこなっていると、課業を網羅したような職務記述書に出会うことがある。業務標準書のように、全ての業務を一覧化したものだ。日本版ジョブ型では、一定階層以上がジョブ型人材マネジメントの対象となるが、上位階層ほど、このような課業リスト型の職務記述書は向かない。なぜなら、高度で複雑な判断を要する職務が多く、業務標準書のように固定化したプロセスで動いていないからだ（図表3-7）。

　また、これらの課業リストは環境変化に対する柔軟性が低い。業務プロセス改善やシステム導入などが起こると、あっという間に実態と乖離したものになる。職務記述書の整備や更新はただでさえ煩雑なことを考慮すると、環境変化への柔軟性の低い職務記述書を整備するのは避けることを強く推奨したい。

職務記述書		

ポジション名	販売管理課長	現職者名	佐藤　三郎

売上業務	与信管理	取引先に対する信用限度の管理をおこなう
	売上計上	出荷事実を確認し、売上伝票を計上する
	請求	取引先に対して代金の請求をおこなう
	決済	売上代金の決済をおこなう
購買業務	購入契約	購入仕入れ契約をおこなう
	仕入	仕入計上をおこなう
	債務残高管理	期日別に債務残高の管理をおこなう
	決裁	購買先の請求に基づき決済をおこなう

　職務記述書を作成していると、日々の業務を想起しながら作成するため、どうしても課業に引きずられやすい。ただし、職務の捉え方のレイヤーを一段引き上げ、「何のためにその課業をおこなっているか」を問い直すことには留意したい。

◎成果責任のポイント②　固有性・継続性・権限を押さえる

　成果責任を設定するにあたり、

- ◆ その職務固有のものであること
- ◆ 中長期的な継続性が期待できること
- ◆ 職務の権限と合致すること

この3点は前提条件として押さえなければならない。

1. その職務固有のものであること

　成果責任は、個々の職務の責任を明らかにするツールとなる。経営・事業戦略によって、個々の職務に求められる責任は変わってくる。個々の職務に求められる固有性をきちんと反映しなければ、経営・事業戦略は実現できない。

　例えば、営業マネージャーの場合、「売上目標を達成する」という成果責任は、ほぼ全ての営業マネージャーに適用できる。しかし、この成果責任には、戦略を踏まえた固有性が反映されていない。

　規模の拡大を目指す戦略であれば、「売上の拡大」に重点が置かれるだろう。一方で、新たな商品・サービスを立ち上げる戦略であれば「新規取引の受注」、特定顧客から取引を広げる戦略であれば「ターゲット顧客における取引実績の確保」といった要素が重要になる。これらの固有性をきちんと反映することだ。

　戦略だけではなく、個々の職務の組織内での位置づけや事業環境によっても固有性は出てくる。同じ営業課長であっても、首都圏の営業課長と地方都市の営業課長では、市場特性や競合環境は異なる。職務に期待される成果責任も変わる可能性が高い。

　個々の職務の固有性は、経営・事業戦略の違いや組織における役割の違いを反映したものである。職務を設置した戦略的な意味合いを考えると、おのずと固有性は明らかになるだろう。

2. 中長期的な継続性が期待できること

　成果責任は、中長期的な継続性を期待できるものでなければならない。経営・事業戦略が、そもそも中長期的な継続性を見込んで立てられるからだ。経営・事業戦略を踏まえて、組織設計はなされる。そのため、個々の職務に求められる成果責任も中長期的なものでなければならない。

　成果責任の策定は、そもそも経営・事業戦略を実現するためのものである。中期経営計画で、注力する事業分野、新技術の開発、DXの推進、グローバル展開など、会社が中期的に進むべき方向性が明らかになると

する。それを実現するために、DX推進室や事業開発室等の新組織を設置したり、既存組織に新規課題を設定したりする。個々の職務の成果責任が、これらを踏まえたものでなければならない。中期的課題が個々の職務の成果責任に反映されなければ、計画達成に向けた推進力は生まれない。

　昨今は、ほとんどの企業が中期計画を戦略の中心に据えている。その際、成果責任は3年くらいのスパンで設定するのが適切といえよう。

3．職務の権限と合致すること

　権限と責任はセットで考えなければならない。成果責任と権限のつり合いがとれていなければ、組織運営上の不具合が起こる。「成果責任＞権限」の場合、過分な成果責任であり、達成がそもそも困難である。「成果責任＜権限」の場合、達成は容易かもしれないが、適切なレベル感の責任になっていない可能性が高い。

　イメージしやすいように具体例で考えてみよう（図表3-8）。営業・開発

図表3-8 | 成果責任と権限のバランス

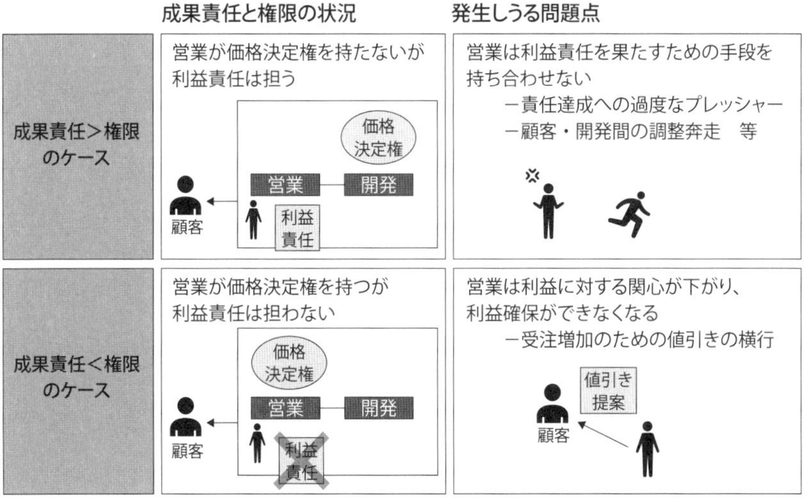

間で、価格決定権をどちらが持つかによって、成果責任と権限のバランスが変わってくる。開発に価格決定権があり、営業はその権限を持たないとする。この際に、営業が利益に対する成果責任を持つことは過分な成果責任になる可能性が高い。まず、顧客への提案・交渉によって、確保できる利益は変わってくる。

　しかし、営業が価格決定権を持たなければ、提案・交渉の幅は狭まり、利益を左右する権限がないため、利益へ直接的な影響力を持たないことになる。コントロールできないことに対して、責任を問われても難しい。

　逆に、営業に価格決定権があるにもかかわらず、利益に対する成果責任を持たなければどうだろうか。営業は利益をコントロールできる立場であるのに責任を負わないということだ。利益に対する責任を負わないのであれば、値下げにも抵抗がなくなる。値下げが横行するようになれば、利益は下がってくるが、誰も責任を負っていない状況に陥ってしまう。

　成果責任と権限が釣り合っていない場合、成果責任を見直すか、権限を見直すかしかない。本来、求められる成果責任や、その成果責任を果たすために必要な権限を検討することで、成果責任と権限の適切なバランスが見えてくる。そのためには、成果責任と権限のバランスに意識を配らなければならない。

◎成果責任のポイント③　成果責任と目標の違いを理解する

　成果責任と目標は混同されやすいので、この違いを正しく理解しておくことも重要である。成果責任は、中長期的な責任を表すものだ。目標は、成果責任に基づき、「今期、何をどこまで達成すれば成果責任を果たしたことになるか」を明らかにするものである。

　例えば、製造部長が「自社工場の不良発生率を低減する」という成果責任を負っていたとすると、今期どこまで低減するかを具体的に定めるのが目標だ。目標の達成基準は、設備投資や生産能力などを勘案し、毎年、新たに設定することとなる。つまり、目標は成果責任に基づくものであり、評価期間に応じた達成基準を明らかにしたものと捉えるとよい

（図表3-9）。

　識者のなかには、「目標管理がうまくいけば、ジョブ型と同様の効果が得られる」と主張する人もいる。成果責任と目標管理は近い概念でもあり、最終的に社員への影響力を与えるのは処遇に直結する目標管理であるため、あながち間違った意見ではない。

　ただし、「目標管理がうまくいく」こと自体、かなり難易度が高い。これは、処遇との直結度合いが大きく関係する。目標管理は処遇と直結するため、上司・現職者の間で利害の対立が起こりやすい。処遇が絡むために、チャレンジングな課題に挑戦してほしい上司と、達成可能な目標になりがちな現職者の間で利害相反が生じる。処遇が絡むことで本来的に達成すべき成果や責任ではなく、達成度に関心がシフトして、「すべきこと」と「できること」の対立が起きてしまうのだ（図表3-10）。

　従来のヒト型マネジメントである職能資格制度では、さらに厄介な要素が加わる。目標設定は能力相応の目標を立てることが大前提となる。実際には、部長相当の能力等級には、部長もいればプレイングマネー

図表3-9 | 成果責任と目標の関係

成果責任と目標の関係

成果責任	目標
中期的に、経営から期待される成果を生み出す**責任**を規定したもの	**今期、どこまで達成すれば成果責任を果たしたといえるか**を具体的に定めたもの

○○部の売上を拡大する → ○○部の売上目標 XX 万円を今期中に達成する

○○部の部下を育成する → 今期末までに、Aさんが先輩の指導なしに商談の提案とクロージングまで独力で遂行できる

安全・安心な製品提供を部内で徹底する → 今期の新製品について、管理方法や廃棄・例外対応などについて、標準書を作成し、全メンバーがそのとおりに運用するよう徹底する

イメージ

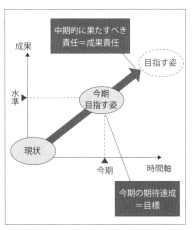

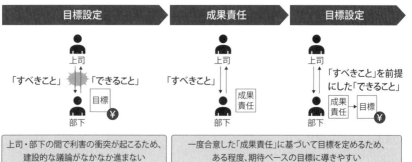

図表3-10 | 成果責任を目標管理に落とす効能

成果責任を用いない目標管理の運用	成果責任を用いる目標管理の運用

目標設定

上司

「すべきこと」　「できること」
　　　　　　　目標　¥

部下

成果責任

上司

「すべきこと」

成果責任

部下

目標設定

上司

「すべきこと」を前提
にした「できること」
　　　成果責任→目標　¥

部下

上司・部下の間で利害の衝突が起こるため、建設的な議論がなかなか進まない

一度合意した「成果責任」に基づいて目標を定めるため、ある程度、期待ベースの目標に導きやすい

ジャーも存在する。もともと、同じレベル感の目標は立てようにない立場の社員を同一基準で評価して公正な配分をしなければならないので、どうしても歪んだ運用にならざるを得ないのだ。歪んだ運用とは、目標の達成度とは関係ないところで、役職者の評価を引き上げたり、プレイングマネージャーの評価を引き下げたりすることだ。職能資格等級においては、「目標管理がうまくいけば」という前提条件自体が成り立ちにくいことは、十分に理解しておかねばならない。

　ジョブ型人事制度に移行すると、少なくとも、同一等級には同じ職務規模感の社員となるため、目標のレベル感は揃えやすくなる。目標とは別に、成果責任を設定するということは、一旦、評価・処遇と距離を置き、本来、各職務（ジョブ）が抱える中期的な責任に向き合うことである。利害対立はもちろん起こるが、評価・処遇と直結するわけではないので、建設的な議論に向かいやすい。ここで、中期的に「すべきこと」を合意することができるのだ。目標管理の際には、利害対立は起こり得るが、「すべきこと」自体を合意しているので、あとは「できること」との折合いになる。

　成果責任と目標の二段構えを、正しい目標を落とし込むための適正なプロセスと捉えるか、二度手間と捉えるかは、この効能をどこまで実感

できるかであろう。ただ、成果責任には、目標の土台となる「本来すべきこと」を明らかにする機能を果たし得ることは押さえておきたい。

◎成果責任のポイント④　直接的な成果責任だけを捉えない

多くの職務において、売上、利益、新規案件、開発製品数、生産高、原価等に関連する成果責任はすぐに思い浮かぶだろう。これらは、日々のマネジメントのなかで、実際に使われ、職務遂行上、常に意識することを求められるようなKPIだからだ。

これらの最終成果に近い直接的な成果責任だけでよいかというと、そうではない。直接的な成果責任だけを追い求めると短期志向に陥り、中長期的に持続可能な組織にならないからだ。例えば、利益を確保しつつ、必要な投資をおこなっていく。品質や顧客満足度を高めながら、コスト削減をおこない収益性を高めていく。業務を安定稼働させながら、新たなシステムを導入する。このように、相矛盾する要件をバランスさせていくことが、持続可能な組織にするためには必要となる。

そのために、成果責任に領域を設けることが有効である。これらは、最終成果に近い成果責任だけではなく、プロセス成果に関連する成果責任を適切に捉えるための枠組みだ。

オーソドックスな領域の設定は、「経営数値」「ビジョンと戦略」「内部プロセス」「外部プロセス」「組織力の向上」という5つの領域に区分する。これは、バランスト・スコアカードの考え方を応用したものである。バランスト・スコアカードとは、財務的指標中心の業績管理手法の欠点を補うもので、財務的指標を支えるための複数の構成要素を明らかにするフレームワークだ（図表3-11）。

それぞれの領域は、次のように位置づけることができる。

- **経営数値**：売上、利益、コスト削減、在庫回転率等で示される財務計数的に把握できる成果責任
- **ビジョンと戦略**：事業戦略、予算策定、商品開発計画等の判断・行

成果責任の領域

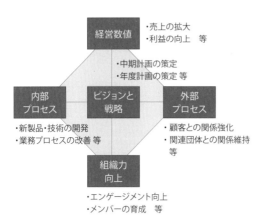

バランスト・スコアカードとは

1990年代前半に米国でキャプランとノートンが開発した戦略を効率的に組織へ落とし込むツール

財務、顧客、業務プロセス、学習と成長という4つの視点で戦略を立案するための枠組み

効果の実証研究も盛んに行われ、「正しく使えば、間違いなく効果が出る」という意見が優勢

日本企業においても、1990年代に目標管理の広がりとともに一時的に広がったが、形骸化の道を歩んだ企業が多い

動の指針となる戦略・方針・計画等の決定を担う成果責任

- **内部プロセス**：新規顧客獲得、安全の確保、顧客満足度の向上、生産性の向上等で示される業務遂行に関連する維持・改善・改革を表す成果責任
- **外部プロセス**：社内外のステークホルダー（顧客、他部署、関係省庁、地域住民等）との関係を構築・維持・強化することを担う成果責任
- **組織力の向上**：組織における経営資源であるヒト・モノ・カネを向上させる成果責任

　領域を設定することは、強制発想的に成果責任を設定することでもある。これにより、普段意識していないが、重要な成果責任を再認識することができる。特に、結果に直結しない間接的成果の重要性や優先度については、上司と現職者の間でギャップがあることが多い。

　例えば、ある開発部門で、部長から課長に「製図や設計に関する情報を整理して共有できる仕組みやシステムを考えてほしい」という要望があったとする。部長の期待としては、職場の効率化や人員不足などから

優先度が高いと考えているが、課長のほうは、「目の前の開発案件を遅滞なくおこなうこと」が最優先であり、後回しにしてしまうことが往々にして起こる。

　成果責任を設定するということは、そもそも持つべき責任に加え、その重要度や優先度の認識合わせも同時におこなうことである。

　特に、最終成果に直結しない成果責任は、認識されていなかったり、優先度にギャップがあったりするため、領域をうまく活用することを推奨したい。

◎成果責任のポイント⑤　本来のあるべき成果責任へと清流化する

　人事コンサルティングの現場では、職務記述書を整備するプロセスを「職務分析」と呼ぶ。これは、職務を明確化するだけではなく、本来あるべき職務の責任分担へと清流化する意味も込められている。

　組織を設計する際に、下位組織階層から積み上げて設計することはない。トップ・マネジメントを起点として、全社戦略に基づき、事業・機能・地域などの戦略単位で第1階層・第2階層・第3階層と上位階層から順番に組織設計をおこなっていく。組織設計には、組織の設置意図と目的が必ず存在する。成果責任は、改めて設置意図と目的に立ち戻り、上位階層から設定することとなる。

　成果責任の設定は、上から下へと順番におこなっていくことが原則である。そして、上位階層の責任は、下位職務に権限とともに分担されていく。上位階層の責任を、下位職務へ途切れることなく分担していくことを「カスケード」と呼ぶ。

　例えば、開発部長が新製品の開発をおこなうことを成果責任として負う場合、当然、部長1人で目標成果を達成することなどできない。課長層には、それぞれの担当製品・担当技術での新製品開発をカスケードすることになる。さらに、下位職務においては、新製品の企画の成果責任を担う職務もあれば、将来の新製品開発に向けた要素技術の開発を担う

職務もあるだろう。

　このようなカスケードがきちんと清流化されて、はじめて組織は効果的、そして効率的に動いていく。逆にカスケードがされていない責任は、実行力がともなわない。上位階層と下位階層のカスケード関係を把握・理解し、組織全体として整合性のある成果責任につながるのだ。

　成果責任のカスケード関係を可視化したものが、「成果責任マトリクス」である。成果責任マトリクスは、上司の成果責任を縦軸に置き、横軸に同階層の部下の成果責任を一覧化したものである。これにより、組織に責任の根詰まりを起こしていないかをチェックすることが可能になる（図表3-12）。

　職務記述書は、粒度のバラつきが起きやすく、1つ1つの職務記述書を見ると、整合性がとれていないことも多い。成果責任マトリクスをつくり、同一階層の粒度を揃えるとともに、組織内の責任の清流化をはかっていくことも、選択肢の1つとして考えてみるとよいだろう。

図表3-12 成果責任マトリクス

	開発課長（直属上司）	開発1係長（部下A）	開発2係長（部下B）
経営数値	・開発一課の開発コスト削減目標を達成する	・開発1係の開発コスト削減目標を達成する	・開発2係の開発コスト削減目標を達成する
ビジョンと戦略	・開発一課の開発計画を立案し、実行する	・開発一課の開発計画に参画し、開発1係の担当範囲を実行する	・開発一課の開発計画に参画し、開発2係の担当範囲を実行する
内部プロセス	・耐久性の優れた新規材料を活用した製品開発をおこなう	上司の成果責任がカスケードされているか？	
	・効果効率的に開発を進めるための開発プロトコルを確立する	・開発課における開発プロトコルを立案し、運用する	・開発課における開発プロトコルを2係に展開し、運用する
	上司が認識していない成果責任はないか？	・研究所と連携して、燃料効率に関する新技術を応用した製品開発をおこなう	・開発品質を安定化するための、新しい品質チェック体制を提案する。

ここまで、5つの成果責任のポイントを解説してきた。これらを押さえることで、職務記述書のメインボディとなる成果責任を明らかにすることができる。職務を明確化するプロセスは、まさに個々の職務は何かについて向き合っていくプロセスといえよう。

職務等級と職務評価

◎職務価値に基づく職務等級

　基幹人事制度は、等級・評価・報酬制度から構成されるが、ジョブ型人事制度においては、その根幹たる等級制度が職務基準になることが最大の特徴である。

　一般的なジョブ型人事制度の構築方法は、個々の職務の職務評価により、職務の序列化をおこなう。そして、職務価値に応じて、序列化された職務を複数段階にグループ化したものが「職務等級（ジョブグレード）」である。職務価値の高い職務は上位等級に位置づけられ、職務価値の低い等級は下位等級に位置づけられる。この等級制度が評価・処遇の全ての根幹となる。職務価値が人事制度の核となるため、ジョブ型人事制度と呼ばれるのだ（図表3-13）。

図表3-13 | 職務等級の区分

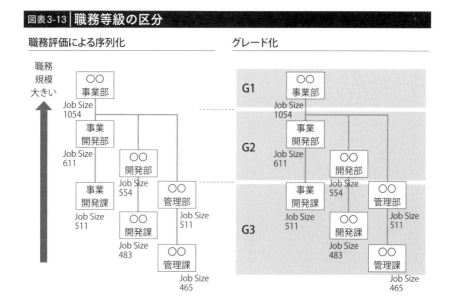

この際、どの程度の幅でグルーピングするかは、会社が決めるべきことである。ジョブ型人事制度では、職務価値によって細かく区分すべきという先入観を持つ人もいるが、決して、そのようにしなければならないわけではない。おそらくは、海外でのジョブ型雇用・ジョブ型人事制度は、職種やポジションごとに細かく分かれ、市場相場に合わせて処遇を決める企業もあるため、そのイメージを強く持っているのであろう。

職務等級の区分に、以下の2つの相反する要件を考慮しながら、決めなければならない。

- 職務と処遇の関連性を高めること
- 無理のない人事運用ができること

細かく等級を区分すると、わずかな職務価値の違いを評価・処遇に反映することが可能になる。そのため、職務と処遇の関連性は高まる。これは、本来のジョブ型人事制度の機能に沿うものである。

しかし、細かく等級を区分しすぎると、人事運用に大きな制限が加わる。日本版ジョブ型では、人事異動を考慮することは欠かせない。企業には定年退職や離職などによって退職者が出るため、毎年、欠員が必ず出る。人材供給は新卒一括採用によるところが大きく、会社が任命権を握って人材配置をおこなわなければ、組織に人員が行き届かない。適所適材の人材配置により、異動そのものの頻度は減るが、組織に必要な人員を配置するための異動は、ある程度必要であることを押さえておかねばならない。

等級を細かく区分しすぎると、異動にともなう処遇の増減が頻発することとなる。これでは、社内人材の動機維持が難しくなり、異動をしにくくさせる。制度導入後の異動の頻発層を想定しつつ、一定の異動の柔軟性を担保できる区分を見極めなければならない。

また、職務等級の線引きをする際の重要な要素が、社内の納得感である。次項以降で職務評価について触れるが、職務評価において絶対解は

ない。職務という見えない価値を測定するため、捉え方ひとつによって職務価値は変動する。半分は理論、半分は感覚というバランスで決めていくのが職務評価だ。

職務評価をおこない、最終的には、「どの等級に格付けるか」が大きな論点になる。その際に、「同じクラスに分類して納得感がある」という区分が、長く人事運用をしていくうえで大事になる。

あまり細かく区分しすぎると、その違いに納得感が得られず、衝突や不信感を招く。「なぜ、あのポジションのほうが高い」という声が起こり、社内での合意形成が難しくなる。一方で広く区分しすぎると、職務と処遇の連動性が下がってしまう。ある程度のバランスを考慮しながら、区分の広さを決めていくことが重要となる。

◎職務評価とは

職務評価とは、各職務の職務価値（ジョブサイズ）を評価することである。職務価値の大小によって、等級格付けが決まり、評価・処遇の基準が定まる。最近になって、「ジョブ型」という言葉が日本で急速に広まってきたが、これは新しい概念でも何でもない。グローバルでは、何十年も前から、"Pay for Job"として、当たり前のように運用されてきたものである。

しかし日本では、職務を評価するという考え方に抵抗を持つ人も多い。それは、歴史的な背景の違いも大きく影響している。

職務評価は、筆者が所属するコーン・フェリーの前身の1つであるヘイグループの創始者エドワード・ヘイが1960年代に開発した手法である。米国で公民権運動のさなか、全ての人間は等しく権利が付与されるべきだとする考え方が急速に広まった。

しかし、当時は人種や性別によって、処遇に差が出ることが当たり前におこなわれていた。エドワード・ヘイは銀行家であったが、人種や性別によって差が出ない仕組みとするために、「ヒトではなく、職務を評価すべき」と提唱した。

この考え方が世界中で受け入れられ、その職務評価手法であるヘイ・ガイドチャート法は世界標準の職務評価手法となった。

米国で生まれ、世界に広がった職務評価は、「ヒトを見ない」ところが起点である。ヒトごとの差異を廃し、公平性を担保していくために職務を基軸にしているのである。

それに対し、日本は「ヒトを見る」ことを重視してきた。ヒトの能力を見極めながら、配置や評価・処遇をおこなってきたのだ。この捉え方が、「ジョブ型」に対する抵抗感につながっているようだ。そもそも、この根本的な捉え方の違いが、日本企業で「ジョブ型は馴染まない」と敬遠される理由ともいえるだろう。

◎職務評価の原理原則

職務評価をおこなううえで、原理原則が4つある。

- 経営者の目線で評価すること
- ヒトではなく、職務（ジョブ）を評価すること
- 期待と実態をバランスよく押さえること
- 職務評価には絶対解はなく、意思決定のプロセスであること

1．経営者の目線で評価すること

職務評価は、経営者目線でおこなわなければならない。職務評価は、会社組織における無数の職務（ジョブ）を評価し、序列化することになる。個々の職務の内容をきちんと踏まえる必要があるが、一方で全体の整合性をとらねばならない。

特に気をつけなければならないのは、現職者目線に陥らないことである。現職者目線では、主観的なモノの見方になりかねない。主観的なモノの見方をしていると、他職務と比較して、職務価値が相対的に低いときには、大きな心理的抵抗が起きる。職務評価の推進者自体が、差をつけることに躊躇することも起こりかねない。

職務評価においては、職務ごとの微妙な判断に迷うことは多々ある。このときに判断の拠り所となるのは、経営者目線である。トップ・マネジメントの立場に立つと、個々の職務にどのような期待の違いがあるのかを客観的に捉えることが可能になる。常に経営者目線に立つことを、職務評価の推進者は心にとめておかねばならない。

2. ヒトではなく、職務（ジョブ）を評価すること

既に触れたように、「ヒトを見る」ことを重視してきたのが日本企業だ。この考えは日本企業に深く根付いており、「職務を評価する」ことが、ことのほか難しいと感じられるようだ。

制度構築をおこなう際に、大抵の場合、ゼロから組織を設計するのではなく、既存の組織をベースに進めていく。営業課長のポジションを評価するときに、営業課長であるAさんを思い浮かべて評価することが多い。このように、ヒトの顔がチラつくのは仕方がないだろう。

重要なポイントは、ヒトを評価するのではなく、そのヒトに委任している職務を評価することだ。「Aさんは難しい資格を持っているので、職務価値が高い」というのは、職務評価の原則から逸脱している。「Aさんは難しい資格を持っており、△△の職務を委任している。その職務の職務価値は高い」というように、Aさんではなく、委任している職務を評価するのだ。

海外のジョブ型雇用・ジョブ型人材マネジメントでは、職務期待とヒトのギャップは起きない。先に職務が設計され、職務にマッチした人材を外部・内部から採用するからだ。

しかし、日本版ジョブ型では、このような完全一致ばかりではない。適所適材を目指すのは大原則ではある。しかし、高い雇用の保全性を求められるのが日本企業だ。人材要件のギャップがあったとしても、配置せざるを得ないポジションが出てくるのが現実だ。日本企業では、現職者の能力によって期待値を多少、調整せざるを得ない事情も理解しておかねばならない。

日本企業では、ヒトと職務が切り分けにくく、ヒトによって職務期待が変動せざるを得ない部分が残る。そのため、ヒトの顔を完全に忘れ去って職務のみを評価するということは難しい。ただ、ヒトの顔を思い浮かべるかどうかは、大きな論点ではない。

　つまるところ、そのヒトが従事している職務はどのような価値であるか、ということに意識を置いて評価することである。

3. 期待と実態をバランスよく押さえること

　職務評価は、期待ベースでおこなうことが望ましい。成果責任は、中期的な期待を含めて「逃れられない責任」を落とし込む。つまり、「まだ実現していない未来」に対して期待ベースで責任を求めているのだ。職務記述書を整備しない場合においても、個々の職務には明文化されていない期待が存在する。

　マネジメントにおいては、方向性や期待を示し、達成に向けて必要な権限や資源を委譲し、方向性や期待を実現できるように後押しすることが重要である。職務評価を期待ベースでおこなうということは、期待相応の評価・処遇を「投資」することだ。この投資によって、現職者を期待の完遂に向けて動機づけることができる。高い期待に対して、会社が認知し、報いていくことで、達成に向けてコミットメントを引き出すことができる。高い期待をかけているにもかかわらず、会社からの認知や見合った評価・処遇がないようであれば、それらの達成は覚束ない。会社が将来の方向性や期待を示し、その達成に社員を動機づけていく未来志向のマネジメントをおこなうためには、期待ベースとする必要がある。

　期待と実態には必ず一定のギャップがあるものだが、あまりに大きなギャップがある場合には、実態を織り込む必要がある。会社としての期待値は大きいが、実態の組織能力からは相当の開きがあるような場合だ。この際に、期待ベースの職務評価をおこなうと過剰投資になる。

　また、実態からかけ離れた職務評価は、社内で公正さに欠くと見なされかねない。3年くらいのスパンでみても、設定時点で実現の見通しが

立たないようなら、実態を踏まえた職務評価をすることが望ましい。

そして、その職務の期待と実態のギャップが埋まってきた時点で、職務評価の見直しをするのがよいだろう。

4. 職務評価には絶対解はなく、意思決定のプロセスであること

職務評価には、絶対解はない。組織における職務の位置づけは、千差万別であり、その捉え方次第で位置づけは変わるからだ。もともと、職務価値とは物質ではなく、概念である。概念を測定するのだから、その捉え方によって職務価値は変わる。

ここを誤解している人も多い。職務記述書や職務情報（売上・部下数等）があれば、自動的に評価が決定するかというと、そういうわけではない。例えば、同じ人材開発部長であっても、そのポジションの期待には幅がある。事業の成長につながる人材開発の仕組みを構築・運営することが期待されることもあるし、既存の教育体系や研修の確実な運営を期待されることもある。その期待の大きさによって、類似したポジションでも職務価値は変わってくる。それぞれのポジションには、外形情報では推し量れない価値が存在するのだ。

そのため、職務評価では社内の捉え方を一致させ、合意形成をおこなっていくことに意味がある。職務評価の過程では、様々な見解の相違が出てくる。ヒトによって「期待値」の捉え方は異なるからだ。それらの見解の相違を受け止めながら、最終的には経営視点で各職務の位置づけを定めていく。その意思決定のプロセスこそが、職務評価なのだ。

◎職務評価の内容

職務評価の方法は、大きく「**直観法**」と「**要素比較法**」に分かれる。直観法とは、職務を全体的に捉え、直観的に評価を決定する方法である。非常に簡易ではあるものの、評価の根拠としては論拠が薄い。会社の規模感が比較的に小さく、職務規模の大小が明らかな組織では有効ではあるものの、一定以上の規模と複雑性を持った組織での適用は難しい。

要素比較法とは、職務規模を評価するための要素を分解し、要素ごとに評価する仕組みである。コーン・フェリーをはじめとした外資系人事コンサルティングファームを中心に、これらは提供されている。コーン・フェリーの保有するヘイ・ガイドチャート法を源流とし、各社とも多少の違いはあるが、大まかな要素は共通している。本書で解説するヘイ・ガイドチャート法により、職務評価の基本的な構成や概要は理解できるであろう。

　職務評価の評価軸は、大きく分けると、①ノウハウ、②問題解決、③達成責任の3つからなる。これは、「全ての職務は、何らかのノウハウに基づき、問題解決をおこない、何らかの成果を達成することが期待される」という考え方に基づく。実際の職務評価は、さらに詳細化された8つの軸で評価することとなる（図表3-14）。

　売上・利益等の定量的な成果指標は、重要な要素であり職務評価の判定要素であるが、そのうちの一要素にすぎない。経営の観点からすると、売上・利益等の定量的な成果指標は重要だ。これらの定量的な成果指標

図表3-14 職務評価の8つの軸

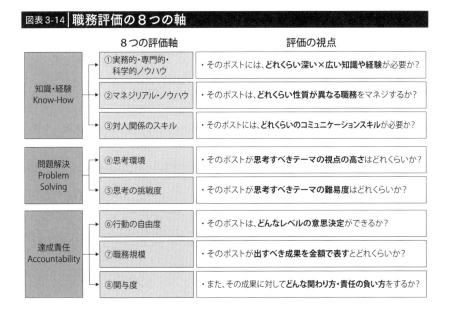

	8つの評価軸	評価の視点
知識・経験 Know-How	①実務的・専門的・科学的ノウハウ	・そのポストには、**どれくらい深い×広い知識や経験**が必要か？
	②マネジリアル・ノウハウ	・そのポストは、**どれくらい性質が異なる職務をマネジ**するか？
	③対人関係のスキル	・そのポストには、**どれくらいのコミュニケーションスキル**が必要か？
問題解決 Problem Solving	④思考環境	・そのポストが**思考すべきテーマの視点の高さ**はどれくらいか？
	⑤思考の挑戦度	・そのポストが**思考すべきテーマの難易度**はどれくらいか？
達成責任 Accountability	⑥行動の自由度	・そのポストは、**どんなレベルの意思決定**ができるか？
	⑦職務規模	・そのポストが**出すべき成果を金額で表す**とどれくらいか？
	⑧関与度	・また、その成果に対して**どんな関わり方・責任の負い方**をするか？

は会社の生命線であり、売上・利益貢献の高い職務は会社にとって相対的に高い貢献価値があるのは、疑う余地はないだろう。

　しかし、直接部門がこれらの成果指標を達成できるのは、間接部門をはじめとして、会社は様々な機能分担をしているからである。だからこそ、定量的な成果指標は一部の要素として取り扱い、その他の要素も含めて、総合的に判定するのである。

　では、8つの評価軸について、個別に解説をしていく。

1. ノウハウ(Know-How)

1-1 テクニカルノウハウ（実務的・専門的・科学的ノウハウ）

　職務に求められる「知識・経験の深さや幅の程度」を測定する評価軸である。それぞれの職務には、成果創出の起点となるノウハウが求められる。営業であれば商流や製品知識、開発であれば要素技術や開発プロセス、経理であれば会計知識や会計システムなどだ。

　ノウハウは、「深さ」と「広さ」の両観点での評価となる。最前線で研究開発をおこなう職務は、特定専門領域で深い開発ノウハウを求められる。一方で、今後の開発の方向性を策定する開発企画の職務は、全般的な技術要素や市場動向など広いノウハウが求められる。「深さ」×「広さ」の面積がノウハウの総量というイメージになる。

　留意しておきたいポイントは、あくまでも「職務に求められるノウハウ」であることだ。例えば、非常に高い技術ノウハウを持つ社員がいたとしよう。しかし、そこまでのスキルは必要としない検査業務についていたとする。職務評価としては、「検査の職務に必要なノウハウ」をもとに評価することとなる。本人がいかに高いノウハウを持っていても、会社への貢献は「検査ノウハウ」をベースとした貢献になるからだ。

　職務価値の評価と、人材配置の妥当性は別の論点である。高いノウハウを持つ人材を低いノウハウしか必要としない職務へ配置すれば、低い職務価値しか出せない。本来、高いノウハウを持つ人材に対し、そのノウハウが存分に活かせる職務につかせることが、本人にとっても会社に

とっても望ましい。しかし、職務評価は「本人の持つノウハウ」ではなく、「職務に求められるノウハウ」で測定されなければならない。本人のノウハウと職務に求められるノウハウのミスマッチは、人材配置の問題なのだ。

ジョブ型人材マネジメントにおいて、人材配置の持つ意味は非常に大きい。ノウハウが「職務＜人材」であれば、本人のノウハウが職務に求められるノウハウを超えており、「宝の持ち腐れ」になる。適切なレベルの職務に配置しなければ、動機の減退や人材流出が懸念される。

一方でノウハウが「職務＞人材」であれば、本人のノウハウが職務に求められるノウハウに届いていないことになる。それでは、職務に期待される成果責任を果たすのは困難であろう。

これらのミスマッチは、職務起点でノウハウの評価をおこなうことで明らかになることもある。ミスマッチが明らかな場合は、能力開発か配置転換を検討するのがよい。職務起点で捉えることでこのようなギャップが明らかになるのも、職務評価の副産物の1つといえる。

1-2 マネジリアルノウハウ

マネジリアルノウハウは、「**複雑なマネジメントをおこなうノウハウ**」の程度を評価する。会社を運営していくうえでは、複数の職務をまとめあげていく機能は必要となる。より大きい規模、より多様な機能をマネジメントしていく職務は、職務価値が高いとされる。

マネジメントには、縦方向と横方向がある。縦方向のマネジメントは、その職務の傘下に別の職務をつけるマネジメントだ。営業部の傘下に営業課と販売促進課があるといったように、一般的な組織構造を思い浮かべるとよいだろう。横方向のマネジメントは、他機能・組織と連携し、リードしていくマネジメントだ。経営企画や事業企画などの企画機能を想定するとわかりやすいだろう。その職務がどの程度、縦横に対して、マネジメントをおこなうことが求められるかを押さえなければならない。

また、利害衝突によるマネジメントの難しさも評価要素としては重要

だ。マネジメントの難しさは、対象の規模感と一定の相関がある。例え
ば、10人の組織をマネジメントするより、100人の組織をマネジメント
するほうが難しい可能性が高い。ただし、単純に規模感だけでマネジメ
ントの難易度は測れるものではない。むしろ、対象となる機能の多様さ
や利害衝突の度合いが、難易度に大きな影響を与える。受注を伸ばした
い営業機能と生産能力に見合った安定供給をしたい製造機能などでは、
利害相反が起こりがちである。このような利害衝突を含む多様な機能を
マネジメントする役割は、規模と同等かそれ以上に難易度が高いという
わけだ。

　職務評価は、「経営にとって価値の高い職務」を高く評価する仕組み
である。会社の組織内には、様々な利害相反の要素が存在する。会社と
しては、利害相反するものをうまくまとめあげて、会社全体を1つの方
向へ動かしていかなければならない。だからこそ、利害相反という矛盾
をマネジメントする要素を加味して、職務評価をしなければならないの
だ。

1-3 ヒューマンノウハウ（対人関係スキル）

　ヒューマンノウハウは、職務に求められる「コミュニケーションのス
キル」を評価するものだ。多くの職務は、職場でコミュニケーションを
必要とするのは言うまでもない。しかし、職務によって、その求められ
るレベルは異なる。例えば、営業職のように、顧客や取引先とのコミュ
ニケーションを主とする職務もある。

　一方で、個人作業がメインであり、あまりコミュニケーションを要さ
ない職務もある。各職務に求められるコミュニケーションのスキルを判
断するのが、ヒューマンノウハウである。

　評価の判断軸としては、求められるコミュニケーションの量ではなく、
質の評価であることを押さえておきたい。質の評価とは、相手への影響
力の与え方である。ヘイ・ガイドチャート法では、①意思疎通を求めら
れるレベル、②相手に影響力を行使し動かすことができるレベル、③相

手の自主性を引き出すことができるレベルに段階分けしている。より質の高いコミュニケーションスキルを求められる職務ほど、社内・取引先・顧客等に大きな影響を及ぼし、高い職務価値になる。

2．問題解決（Problem Solving）

2-1 思考環境

　思考環境は、視座の高さを表したものであるが、「**思考の制約**」と捉えるとわかりやすい。

　問題解決をおこなう場合、全ての職務には与件ともいえる制約が存在する。例えば、予算などは、典型的な制約の1つである。新たな取り組みをおこなう際に、予算度外視で進めることは少ない。ほとんどの場合、予算の制約がある。実行主体としては、予算の範囲内でできるように試行錯誤するという制約を受けるのである。制約と問題解決の度合いは比例する。制約が少なければ、問題解決の度合いが大きくなる。制約が多ければ、問題解決の度合いも小さくなる。どの程度の制約があるかが、評価のポイントとなる。

　会社組織においては、社長が最も高い視座にあり、制約が少ない。株主意向や資金の制約はあるものの、全社をどのような方向性に導き、どこに資源投下すべきかなどを思考することが求められる。結果として、全社戦略や中長期計画にまとめられ、社長直下の役員や組織長の与件となる。全社戦略や中期計画を踏まえ、事業・機能戦略や年度計画に展開される。さらに下部組織においては、業務計画などに落とし込まれる。こうして、上位組織から順次、制約が下部組織に展開される。

　思考環境は、組織構造の影響を受ける。多重階層からなる組織では、制約は増えがちである一方で、フラットな階層の組織では、制約は少なくなる傾向がある。また、組織内の統制の強さの影響も受ける。強く統制を利かせているような組織では、思考環境は低くなる。その反対に、緩やかな統制のもと、現場に大きな裁量を委譲している組織では、思考環境は高くなる。どこまで自由度を持って問題解決に取り組める環境か

を評価しなければならない。

2-2 思考の挑戦度

思考の挑戦度は、その職務が取り組むべき課題の挑戦度のことで、**職務が解決すべき「課題の難しさ」**と捉えられる。

会社組織のなかには、未知の課題といった新規性・戦略性の高い職務もあれば、手順が決められていることにより確実性・正確性が求められる職務もある。思考の挑戦度はこのうち、新規性・戦略性の高低を評価するものだ。

企業は経営環境や内部環境の変化に伴い、常に様々な変化を起こしながら事業運営をおこなう。新たな戦略や組織、業務プロセス、システム等、様々な革新を絶え間なく起こす。全く変化を起こさない組織であれば、競争を勝ち抜くことは難しい。変化や革新は、長期的な経営の観点からして、重要な要素であることは言うまでもない。だからこそ、新規性・戦略性の高さは、経営の視点からすると「価値の高い職務」と判定する要素となる。

多くの事業は、「創る」と「回す」を繰り返すことで、事業の成長や革新を継続する。新しい製品やサービス、仕組みやプロセスを「創る」ことが起点となり、効果効率的な運営により「回す」ことで、売上や収益の確保をおこなっていく。「創る」も「回す」も、同様に組織にとっては重要な価値となる。しかし、「創る」には、成功確率の低い課題に挑戦する困難さが伴う。だからこそ、その困難さを評価に組み込まねばならない。

職務評価をおこなうと、「平等主義」と相対することがある。平等主義とは、「全ての職務は組織にとって重要であり、優劣をつけるべきではない」という考え方だ。特に、思考の挑戦度では、そのような反発を受けることが多い。「新しいことに取り組む職務だけが評価される」という反発だ。

しかし、このような平等主義は、個々の職務の役割・特性や職務価値

から目を背ける行為に他ならない。職務評価が1つの軸ではなく、8つの軸で評価するのは、それぞれの職務は異なる役割・特性を持ち、様々な評価軸で判断すべきであるからだ。思考の挑戦度は、あくまでも、その1つの軸でしかない。最終的には、複数の軸を考慮した総合的な判断であることをきちんと理解し、平等主義にとらわれないことが重要である。

3. 達成責任（Accountability）

3-1 行動の自由度

　行動の自由度は、「意思決定権限の大きさ」を評価するものである。意思決定権限の大きさは、成果創出に大きな影響を及ぼす。例えば、特定専門領域のノウハウを持ち、新商品・新サービスの企画をおこなったとしても、最終的にそれらの開発・実行の意思決定権を持たず、承認が得られなければ、ノウハウや問題解決力は成果に結びつかない。これは、全ての職務に共通することである。職務における業務活動は、意思決定の積み重ねだ。どこまでの意思決定が委譲されているかによっても、職務の価値は変わってくるのだ。

　思考環境では、「求められる視座の高さ」を評価した。それに対し、行動の自由度は「意思決定権限の大きさ」を評価する。いわば、「考えること（視座の高さ）」を「決められるか（権限の大きさ）」という関係だ。

　思考環境と行動の自由度が一致する場合、その職務で構想したことをその職務単体で決められる。例えば、組織の年度計画を立てた後に、期の途中で年度計画を変えられる権限を持つ場合、思考環境と行動の自由度が一致する。大抵の場合は、期中の計画変更は上位組織の承認が必要であり、若干ながら思考環境より行動の自由度が低いケースが多い。

　行動の自由度は、その組織の権限委譲の度合いに大きく影響を受ける。現場へ大きく権限委譲し、現場主導の組織運営を進めていくような企業では、行動の自由度は高くなる。

　一方で、規律やルールの徹底が厳しい組織では、行動の自由度は低く

なる。ただし、どのような企業も一概に行動の自由度が高ければよいというわけではない。公的機関や金融業のように、規律やルールを遵守することが重要な業態もある。職務評価は、実際に職務で与えられている意思決定の大きさをそのまま評価するものであり、是非を問うものではないことは理解しておく必要がある。

3-2 職務規模（マグニチュード）
3-3 関与度（インパクト）

　職務規模はその職務が直接的・間接的に関連する「**定量的な成果規模**」、関与度はその成果規模に対して「**どの程度の関わりを持っているか**」を示したものである。職務規模と関与度は、必ずセットで捉えるものだ。この2つの評価軸は、ノウハウや問題解決を通して、最終的に「会社のどのような定量成果に、どの程度貢献しているか」を評価する指標となる。

　職務規模は、売上・利益といった指標をとることが多いが、生産高や物流費、購買費用など、職務に関連する固有の成果指標をとることもある。

　関与度は、直接責任、協働責任、貢献責任、遠隔責任といったように、指標との関連性の強さを段階に分けることができる。

　少しイメージがしやすいように具体的な例をあげて説明しよう。売上10億円の事業責任者は、売上10億円という数字に対して、直接責任を担うとする。その傘下の営業・開発・製造等の機能責任者は、2つの選択肢がある。

　個々に求められる業績指標に対する直接責任を負うという考え方がその1つであり、営業は受注額、開発は新規開発による売上高、製造は生産高に対して直接責任を負うという評価の仕方だ。

　もう1つの選択肢は、営業・開発・製造が協働して売上10億円を達成するので、売上10億円に対する協働責任を担うという捉え方だ。人事・経理などの間接機能は、売上10億円に対する貢献責任と捉えることが

できる。

　職務規模と関与度を評価する際に注意したい点は、経営の規模感で数字を捉えることである。ヘイ・ガイドチャート法では、10倍単位で職務規模の区分をしている。例えば、10億円と20億円の事業規模の違いは、現職者の視点からすると大きな違いがあるように思える。

　しかし、1兆円規模の事業経営者の視点から見るとその差はわずかである。職務規模と関与度の数字の取り方に過敏になってしまう人も出てくることはあるが、数字は経営者の視点で高所から捉えるものだという意識を持って、柔軟に構えることを推奨したい。

　職務規模は実績と関わり合いがあるため、どうしても厳密さを求めたくなる。しかし、職務評価の原則で触れたように、**職務評価は経営者視点で評価をおこなうことが重要**である。厳密さを追求するのではなく、各職務における数値の意味合いをきちんと捉え、確からしい数値をとることに注力する。

　なお、ヘイ・ガイドチャート法では、職務評価の結果から、職務の特徴をチェックできるようになっている。適切な職務規模・関与度が選ばれていなければ、確実におかしな職務の特徴として現れるため、見直しすることとなる。ヘイ・ガイドチャート法でなくとも、職務評価の結果に違和感がある場合は、個々の要素に戻って検証することが重要である。

　ここまで、8つの評価軸の内容とポイントを解説してきた。実際には、評価軸ごとに、評価段階の定義があり、職務内容をもとに、どの評価段階に該当するかを評価する。その評価に基づき、職務規模が算出される。これにより、職務の序列化をおこない、職務等級への格付けが決まってくるのだ（図表3-15）。

〈テクニカルノウハウ　（実務的・専門的・科学的ノウハウ）〉

A	実務経験や訓練によって修得できるレベル	Primary 基本的な実務知識と技能に関する教育訓練を施すことで十分な職務
B		Elementary Vocational 標準化された複雑でない定型的業務についての習熟と単純な機器操作を必要とする職務
C		Vocational 実務遂行上の諸手続きあるいはシステムについての熟達と機器操作を必要とする職務
D		Advanced Vocational 経験を通じて幅あるいは深さが付加されたある特定の専門的スキル、または専門的資格を必要とする職務
E	実務経験に加え、理論的・概念的知識が求められるレベル	Basic Specialized 専門的資格や学位実務上の手続きや先例を把握することにより得られた原理・原則の理解に基づいた専門分野での十分な技術的・科学的知見を必要とする職務
F		Seasoned Specialized 科学的原理・原則の理解あるいは複雑な事例に基づいた幅広くかつ深い経験を通して得られた技術科学・専門分野での熟達を必要とする職務
G		Specialized Mastery 幅広い経験や能力の発揮によって習得された技術や実践および理論についての卓越さを必要とする職務
H		Professional Mastery 高度で複雑な専門分野において、外部から認められるほどの際立って高い知識・経験を必要とする職務

◎職務評価の実施方法

　職務評価のプロセスは、大きく分けると、「情報収集」と「評価・判断」の2つになる。

1．情報収集

　職務評価の実施に必要な情報は、「外形的情報」と「実質的情報」に分かれる。

　外形的情報は、組織図や職務内容、部下の数や量的指標など、個々の職務の概要を客観的に把握できる情報である。職務記述書は、外形的情

報の1つと位置づけられる。

　実質的情報は、職務の組織における位置づけ、職務の期待や実態など、職務の中身の判断に足る情報のことだ。

　外形的情報と実質的情報のうち、職務評価に大きな影響力を与えるのは、実質的情報である。職務評価において、「職務記述書がなければ職務評価はできない」と捉える人もいるが、決してそのようなことはない。職務記述書がない場合、組織図や業務分掌、目標シートなどの外形的情報と、実質的情報を合わせ、職務評価をおこなうことは可能である。

　実質的情報は、その職務の位置づけを把握している人へのインタビューで情報収集することが多い。直属の上司や企画部門などが対象であり、職務の概要や位置づけを把握・理解し、職務評価をおこなう。

2. 評価・判断

　情報収集に基づき、職務評価をおこなう。職務評価は、人事制度の企画オーナーがおこなう。多くの場合は、人事部門が企画オーナーとなる。外部コンサルが入る際には、インタビューに合わせ、職務評価案をコンサルタントが起案する。

図表3-16 | **職務評価の評価・判断**

「縦」の序列感	「横」の相対感
・各部門ごとに戦略性や責任の重さを反映した序列感となっていなければならない	・全社を俯瞰して評価の甘辛がないかどうかについての整合性をとらなければならない

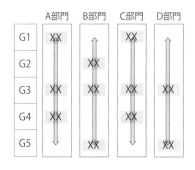
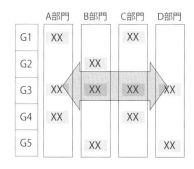

起案時点の職務評価案は案段階のため、合意されたものではない。様々な視点でのインプットを踏まえて最終化する。主に「縦」と「横」の観点で整合性を検証しなければならない。「縦」は一定の組織単位で正しい序列感になっているかどうかを確認すること、「横」は全社横断的に見て整合性がとれているかを確認することである（図表3-16）。

　「縦」の整合性は、各部門の組織責任者や企画機能が確認することで、概ねの整合性をとることが可能だ。部門内の各職務の職務評価結果を共有し、各部門の認識にズレがないか、ズレがあるとしたら、どのような理由かを確認し、職務評価の調整の要否があるかを擦り合わせるプロセスとなる。

　「縦」の整合性に比べ、「横」の整合性は大変である。「なぜ、他部門のあのポジションは高いのか」といった意見衝突をうまく合意に導かなければならないからだ。

　そのためには、協議の場をつくり、裁定者を決めることが有効である。協議の場とは、組織責任者から構成される人事委員会などを設置し、社長や人事責任者など最終決裁者を決めておくことだ。様々な議論を尽くす必要があるが、最後は意思決定をしなければならない。裁定者を決めておかねば、議論の収束は難しくなる。

　ジョブ型人事制度をうまく運営していくコツは、このような意思決定の体制・プロセスを決めていくことだ。ジョブ型人事制度は、職務と処遇の連動性が強い。そのため、制度運用後は、組織設計と人事運用が密接に関連を持つようになる。公平性を保ちながら健全に人事運用をおこなうためには、統制の仕組みが必要になる。人事委員会といった意思決定の体制・プロセスは非常に有用性が高い。制度の導入時点から、人事委員会等の体制を導入・運営することが望ましい。

　ここまで、本項では、職務評価の評価軸と進め方について、解説してきた。次項以降は、等級制度のサブ論点である「昇格・降格」「役職定年」について説明する。

昇格・降格のあり方

◎日本版として運用する際のポイント

　ジョブ型人事制度において、昇格・降格は従来のものと大きく異なる。

　従来のヒトの能力を中心とした職能資格等級では、能力を判定するための昇格試験を実施して、昇格をおこなってきた。一度獲得した能力が下がることはないとされ、降格は滅多なことでは起こらない。

　しかし、ジョブ型人事制度では、昇格・降格は職務連動となる。昇格するためには、上位等級の職務につくことが条件となる。いかに能力があろうとも、座る椅子がなければ、昇格はしない。

　ジョブ型人事制度を運用する際に、以下の2つの問題があがってくる。

- 組織設計と人事権はどこが持つか
- ヒトの適性判断はどうやっておこなうか

　これらは、ジョブ型人事制度を導入する前に、きちんと考えておかねばならない（図表3-17）。

1．組織設計と人事権はどこが持つか

　従来のヒトの能力を中心とした職能資格等級では、職務と等級の関連性は薄かった。そのため、組織設計や任用・離任は各部門に権限があり、昇降格運用は人事部門に権限があった。組織責任者が構想する事業・組織戦略に応じて、組織設計や任用・離任が決められた。昇格試験は人事部門が運営し、昇格枠を定めたり、部門間調整をおこなったりしていた。

　しかし、ジョブ型にシフトする際に、組織設計及び任用・離任に関する人事権はどこが持つかをきちんと決めておかないと、大変な混乱が起きる。従来どおり、組織設計や任用・離任を各部門に権限を置いたまま

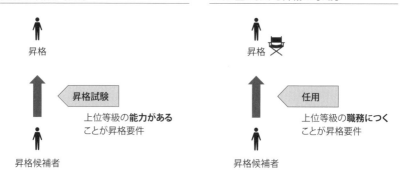

図表3-17 昇格の考え方

従来の昇格の考え方

昇格

昇格試験
上位等級の**能力がある**
ことが昇格要件

昇格候補者

ジョブ型における昇格の考え方

昇格

任用
上位等級の**職務につく**
ことが昇格要件

昇格候補者

にしておくと、人事権は自動的に各部門が持つことになる。

　昇格・降格という人事機能は、人材マネジメントにおいて、最も大きな影響力を持つ機能の1つである。本人の動機づけだけではなく、職場全体が「組織はどのような人材を重用するか」を昇格・降格から理解する。例えば、顧客ファーストを掲げる組織で、売上ファーストな人材が登用・抜擢されると、社員は「この組織は結局のところ売上を重視する」と理解する。職場の認知に大きな影響を及ぼすのだ。

　各部門任せの組織設計や任用・離任は、組織責任者の意向がダイレクトに反映される。統制のとれた階層型の組織を好む組織責任者もいれば、フラット型の組織を好む組織責任者もいる。経験豊富なベテランでしっかりと配置したい組織責任者もいれば、成長株を積極的に抜擢しようとする組織責任者もいる。また、親交のある部下を恣意的に取り立てたり、登用できるポジションを増やすために組織を細分化したりする誘惑もある。組織責任者もヒトである以上、理だけではなく、情に流されないとは限らない。

　完全に部門任せにしていると、部門間の差異による不満や反発が起こりかねない。実際には適切な判断をおこなっていたとしても、部下にはその理由や背景は伝わらず、断片的な情報から憶測が流れかねない。ま

た、明らかな組織設計の瑕疵や配置のミスマッチがあっても止められない。

　だからこそ、完全に部門任せにせず、本社（人事部門）による統制・牽制が効くような体制・プロセスにしておかなければならない。

　具体的には、起案を部門がおこない、承認・決定を本社（人事部門）が持つようにすることだ。人事委員会のような全社横断的な機能が権限を持つことも有効である。全社横断的な機能を持つと、組織責任者に組織設計や人材配置の意図をきちんと問うとともに、恣意的な組織設計や人員配置への抑止力を持つことができる。また、社員にも、組織責任者の独断で決めているのではなく、会社として公式なプロセスで定めていることを示すことができる。

　日本版ジョブ型では、上位階層はスペシャリストキャリアが中心になるため、経営幹部人材を育成するためのサクセッションプランが重要となる。本社（人事部門）が承認・決定を持つことは、サクセッションプランを機能させる点でも有効である。各部門が起案する配置案は、部門内での人材が中心となる。しかし、経営幹部人材育成のためには、良質な経験を積めるポジションには経営幹部候補生を配置したほうがよいこともある。全社的には経営幹部人材育成は重要度の高い課題であり、各部門の起案する配置案より優先させる必要もあろう。「割り込み」をさせなければいけないのだ。承認・決定を本社（人事部門）が持つことで、サクセッションプランを優先することも可能になる。その点でも、組織設計や人事権に対する統制・牽制の体制・プロセスの構築は重要だといえる。

　あわせて、組織責任者の組織設計・人材マネジメントに対するリテラシーが求められる。従来以上に、組織設計や任用・離任が大きなインパクトを与えるため、事業・経営戦略を実現できる組織構造・人材配置を適正におこなっていかねばならない。人事部門は、組織責任者への人事参謀機能を強化していく必要がある。いわゆる、HRBP（HRビジネスパートナー）機能の強化だ。事業部門と人事部門が、対立ではなく、パート

ナーシップを組んで、建設的に取り組んでいける体制を組まねばならないのだ。

2. ヒトの適性判断はどうやっておこなうか

従来は昇格試験があり、年功的運用とはいえ、ヒトを審査する仕組みがあった。しかし、任用をトリガーとしたジョブ型人事制度では、特段の措置をおこなわなければ、ヒトの見極めがないまま上位ポジションにつく。

しかし、現職務で良いパフォーマンスだからといって、上位職務で活躍できるとは限らない。「名プレイヤー、名監督ならず」と言われるが、ビジネスの現場でも同じである。一段、職務レベルが上がると、職務の難易度や影響範囲は大きくなる。ミスマッチのリスクも大きくなるのだ。

これを防ぐためには、任用前に何らかの人材の見極めが必要となる。見極めの方法は大きく2つあり、アセスメントと実務による見極めである（図表3-18）。

アセスメントは、対象者の能力や特性を診断し、その個人のキャリアパスなどの将来予測をおこなうことだ。アセスメントには、上位職務の

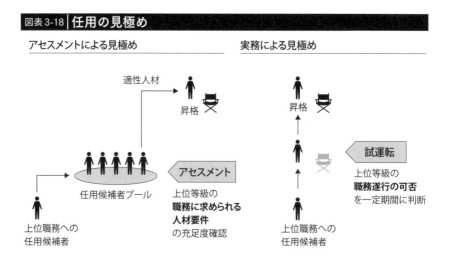

図表3-18 | **任用の見極め**

仮想設定のもとでのシミュレーションやインタビュー、多面評価観察など、様々な手法がある。対象者の人材情報を収集・整理し、上位職務の人材要件に合致するかを判断するのである。職務記述書を整備するのであれば、任用先の職務と候補人材の適合度もはかることができる。

　昇格試験と異なるのは、ジョブ型人事制度では昇格のトリガーはあくまでも任用である。任用のための具体的な配置案を検討してから、アセスメントを実施するのではスピード感に欠ける。また、配置案における任用の候補者が1人に絞られている場合、アセスメント結果にかかわらず、その候補者を任用せざるを得ない。理想的には、配置案を検討する際に、既に手元にアセスメント結果があることだ。そのため、2～3年のスパンで上位職務に任用する可能性のある任用候補者は、幅広にアセスメントをおこなうことが望ましい。適所適材を実現しようとすると、職務に任用する可能性のあるヒトの人材情報を充実させることである。

　もう1つの見極めの方法は、実務のなかでおこなうことだ。上位職務につかせる前に、一定期間を定め、上位職務を実際に経験させてみる。これは、「試運転」や「仮免許」と呼ばれることが多い。特に、不確実要素が大きい若手の抜擢をおこなうときなどは有効である。

　ただし、一時的にではあるが、実際に担う職務と格付けにギャップが生じることがある。それでは、ジョブ型の趣旨である"Pay for Job"の原則にそぐわなくなる。

　日本版ジョブ型では、高い雇用の保全性を求められ、上位職務でパフォーマンスしないからといって、すぐに雇用解消というわけにはいかない。抜擢・任用した社員をすぐに離任させるのもハードルが高い。「試運転」を取り入れる場合には、その矛盾を受け入れることが必要となる。また、あくまでも例外的な措置と捉え、一定期間であることをきちんと守って運用することが重要である。

役職定年の是非

◎日本企業特有の2つの問題

　役職定年も、日本版ジョブ型ならではの問題である。海外のジョブ型雇用では、職務に求められる基準の達成度合いによって、着任・離任が決まる。離任の場合の雇用継続は、会社からのオファーと本人の合意次第である。会社は、本人の活躍できる職務（ジョブ）があれば、相応の条件でオファーをする。基準を満たせずに離任する場合には、ランクダウンとなるオファーしか出ない。そのオファーを受け入れるかどうかは、本人の選択に委ねられる。

　また、オファーできる職務（ジョブ）がないようであれば、雇用継続の合理性はなくなる。多くの場合は、本人も切り替えて、次の会社へと転身を決意することになる。必要な職務に対して、ピンポイントで必要な人員だけを確保するため、「滞留」という考えはない。国により、雇用規制の度合いは異なるが、概ねこのような論理で動いている。

　しかし、日本版ジョブ型はそれほど単純ではない。まず、メンバーシップ型雇用により、毎年、一定の社員が入社する。そして、定年退職者が抜けていくので、人材の流れ（フロー）が生まれる。しかし、日本企業では雇用の保全性が求められ、上位ポジションが適所適材によって埋まっていくと、人材の流れにストップがかかる。「滞留」という考え方だ。

　この日本企業の構図は、企業の人員構成によっては、次のような深刻な問題を引き起こすことがある。

1．マネジメントの高齢化による会社機能の低下

　日本企業は高い雇用の保全性を求められ、定年までの雇用確保が必要となる。一度、マネジメントに任用すると離任はなかなかしにくい。役

職定年により離任した社員は社内・職場に残り、動機は減退し、周囲への悪影響を及ぼしかねない。

　また、明らかにローパフォーマンスの場合はともかく、ミドルパフォーマンスの人をマネジメントから外すのは、十分な理由がない。

　適所適材で配置されたヒトの多くがミドルパフォーマンス以上だとすると、一度、任用された人が離任することはほとんどない。日本の転職市場は開かれてきたとはいえ、海外に比較して十分に広がってはいない。中高年の転職も増えてはきたが、強いリーダーシップや高度なノウハウを持つような人材に限られる。つまり、任用したヒトは一定以上の年代を超えると、外部市場への流出も限定的になり、社内のポジションに固定化して留まることになる。

　定年延長の社会的要請が高まり、特段、離任の仕組みを持たないと、50代後半・60代の役職者も珍しいことではなくなる。個々の職務では問題なくこなしているようでも、総体としてみると「高齢なマネジメント体制」となる。このような体制で、本当に企業が競争力を維持できるかというと疑問が残る。デジタル化は進み、事業環境は激しい変化にさらされている。現状を正しく理解し、大胆な意思決定が求められる局面も多い。マネジメントも高齢化し、「上がり」が見えていると、保守的なスタンスに陥りがちである。企業として、常に挑戦をおこなえるためには、高齢のマネジメントが多数派を占めている状況はリスクの1つとなりかねない。

2.　若手・中堅のキャリアの閉塞感

　ジョブ型人事制度では、職務価値の大きいポジションにつかなければ、昇格はしない。上位のポジションが、高齢社員で占められており、なかなかポジションが空かなければ、社員はキャリアの踊り場で足踏みをすることとなる。

　「滞留」が起きると、腕に自信のある人間から、社外の選択肢に目を向けるようになる。そうすると、エース社員を中心に社外へ流出してし

まう。残った社員も、上が詰まっているため、キャリアに対する閉塞感を持ち、停滞感が企業全体に蔓延してしまう。

◎モチベーションの問題を考慮する

役職定年は、一定年齢に到達すると、役職を離任し、後進にバトンタッチする仕組みである。定年年齢まで待たずに離任をさせていくことで、職務に空きをつくり、滞留をなくし、新陳代謝をはかっていく仕組みだ。

ただし、年齢で一律的に職務から引き離す役職定年制度は、本来的にはジョブ型の趣旨とは異なる。しかし、マネジメントの高齢化や若手・中堅のキャリアの閉塞感が起きてしまっている企業（これから起こる企業）においては、ジョブ型の趣旨を守ることより重要なことともいえよう（図表3-19）。

役職定年制度はつまるところ、「誰のモチベーションを大事にするか」につきる。役職定年をおこなうことにより、高齢役職者の動機減退を招くが、次世代の若手・中堅にキャリア機会を与え、動機づけにつながる。

図表3-19 | 役職定年の構図

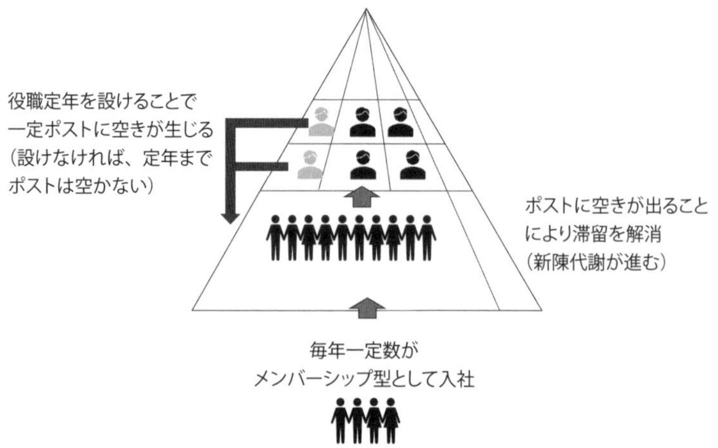

役職定年を設けることで一定ポストに空きが生じる（設けなければ、定年までポストは空かない）

ポストに空きが出ることにより滞留を解消（新陳代謝が進む）

毎年一定数がメンバーシップ型として入社

一方で、役職定年をおこなわなければ、高齢役職者の動機の維持はできるが、次世代の若手・中堅のキャリア機会は絞られ、動機が減退する。

　導入要否は、企業の事業ステージや年齢構成によって変わる。ただ、「日本版ジョブ型」という枠組みにおいては、一定数の企業は役職定年を持たざるを得ないであろう。

ジョブ型人事制度における評価制度

◎評価制度の目的と評価対象

評価制度には、大きく２つの目的がある。

- 会社の期待する方向に社員を導く
- フィードバックと適切な報酬により、動機づけや成長を促す

　これらは、ジョブ型人事制度に限らず人事制度に共通する目的である。では、ジョブ型人事制度ならではの意味は何かというと、職務基準であることだ。評価制度には、報酬の配分決定機能が備わっている。職務基準で評価をおこない、職務基準の分配を実現する。これにより、"Pay for Job"が成立する。

　従来型の職能等級制度は、ここに捻じれが発生する。職能基準で評価をおこなうが、そのまま報酬の配分をおこなおうとすると、違和感のある配分になる。職務基準に是正しようとすると、本来の評価制度を歪めて運用せざるを得なくなるのだ。

　例えば、課長相当の能力等級に課長とプレイングマネージャーがいるとする。能力相当の目標を立て、評価をおこなうと、課長もプレイングマネージャーも同じ評価になったとしよう。ここで、「課長とプレイングマネージャーは同じ賞与や昇給でよいか？」という疑問が出てくる。やはり、課長のほうが高い処遇であるべきとなると、複雑な難易度設定や大幅な評価調整が必要になる。このようなことを行っていると、評価は報酬配分の根拠としての意味をなさなくなる。結果として、評価本来の目的である適正な報酬配分や、フィードバックにはつながらない。

　ジョブ型人事制度だからといって、評価の枠組み自体は大きく変わるものではない。シンプルに職務基準の評価となるだけである。そして、

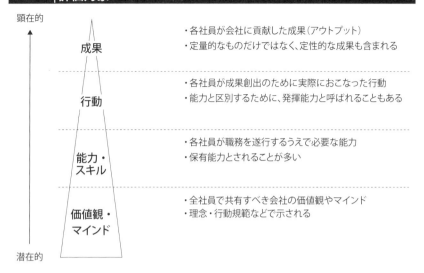

顕在的

成果
・各社員が会社に貢献した成果（アウトプット）
・定量的なものだけではなく、定性的な成果も含まれる

行動
・各社員が成果創出のために実際におこなった行動
・能力と区別するために、発揮能力と呼ばれることもある

能力・スキル
・各社員が職務を遂行するうえで必要な能力
・保有能力とされることが多い

価値観・マインド
・全社員で共有すべき会社の価値観やマインド
・理念・行動規範などで示される

潜在的

職務基準の評価は、職務基準の報酬として反映される。

　評価制度を構築するうえで、まず選択しなければならない点は、「何を評価するか」だ。評価対象は大きく「成果」「行動」「能力・スキル」「価値観・マインド」に分かれる。（図表3-20）

　この評価対象の選択は、会社は「**何を社員に期待として示し、社員を意識づけたいか**」による。「成果」を評価対象にすれば、社員に「成果」達成へ意識づけができる。同様に、「行動」「能力・スキル」「価値観・マインド」を選択すれば、それぞれへの意識づけが可能になる。

　ただし、評価制度は報酬配分決定の機能も持つため、あまり曖昧なものを選ぶと公正性に欠ける。ジョブ型人事制度を導入する企業の場合、「成果のみ」あるいは「成果及び行動」を評価対象とすることが多い。本章においては、「成果」と「行動」の評価を解説していく。

◎成果評価——パフォーマンスマネジメント

　「成果」の評価は、目標管理によることが一般的である。目標管理自

体は、多くの日本企業に取り入れられており、馴染みが深い。ただ、目標管理がうまくいかないと耳にすることも多い。前項で解説したとおり、職能等級制度では、職能基準の評価と、職務基準の捻じれが構造的な原因であることも多い。しかし、それだけではなく、目標設定の運用上も、重要なポイントは2つある。

- 目標を組織内で連鎖させること
- 適切なレベル感の目標とすること

これらについて、順番に解説を進めていこう。

1. 目標を組織内で連鎖させること

　ジョブ型人事制度における目標管理制度は、職務記述書の有無によって異なる。職務記述書を持つ場合は、成果責任を起点とする。成果責任は、中長期で期待される成果を果たすべき責任を規定したものであるが、目標は「今期、どこまで達成すれば、責任を果たしたとみなせるか」を定義したものである。成果責任において、既に中期的に目指すべき方向性が示されているので、あとは「どの成果責任を選ぶか」「どのレベル感が今期求められるか」を擦り合わせることとなる（図表3-21）。

　この際に、どの成果責任を選ぶかは、経営や組織上の優先度合いに基づく。目標として認識して追いかけることができる目標数は限られている。せいぜいが5〜6個程度である。これは、目標化していない成果責任はやらなくてよいということではない。そもそも、同等級に位置づけ、相応の給与を支払うのは、全ての成果責任を果たすことの期待に対する投資だ。そのため、目標化していないとはいえ、「逃れられない責任」である成果責任を全く果たしていないようであれば、その職務にマッチした人材とは見なされなくなる。

　職能等級制度では、「ヒト」を起点とするので、目標の解釈の幅が非常に広くなる。「ヒトの能力」に合わせて、柔軟に構えることができる

図表3-21 | 成果責任と目標の関係（再掲）

成果責任と目標の関係

成果責任	目標
中期的に、経営から期待される成果を生み出す**責任**を規定したもの	**今期、どこまで達成すれば成果責任を果たしたといえるか**を具体的に定めたもの
○○部の売上を拡大する →	○○部の売上目標 XX 万円を今期中に達成する
○○部の部下を育成する →	今期末までに、Aさんが先輩の指導なしに商談の提案とクロージングまで独力でできるようにする
安全・安心な製品提供を部内で徹底する →	今期の新製品について、管理方法や廃棄・例外対応などについて、標準書を作成し、全メンバーがそのとおりに運用するよう徹底する

イメージ

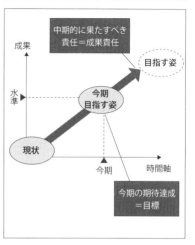

ため、方向性を統一しにくくなる。ジョブ型人事制度では、経営トップから成果責任をカスケードしている。それぞれカスケードされた成果責任をもとに目標を立てていくため、目標の連鎖がとりやすい。各人の成果責任をもとに立てた目標を達成することで、経営トップの成果責任や目標達成につながるのである。職務記述書を整備していない場合でも、起点は「職務」である。その職務に対する会社からの期待をもとに起案する。その点では、解釈の幅は職能型ほど広くない（図表3-22）。

2. 適切なレベル感の目標とすること

目標の難易度にズレが生じると、評価をしても、妥当感のある評価とはならない。難しい目標を設定するほうが、評価を得にくくなるという矛盾が生じてしまう。これを調整しようとすると、評価調整などで大幅に調整せざるを得なくなり、結局のところ、目標達成そのものの意味合いが薄れてしまう。

職能等級制度では、同じ等級に様々な職務規模の社員が混在するので、

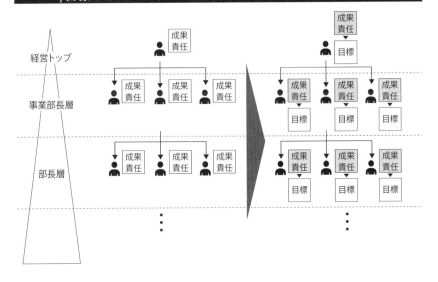

図表3-22 目標のカスケード

目標の難易度を揃えることが難しくなる。そのため、難易度設定や大幅
な調整が必要になる。ジョブ型人事制度では、基本的に同一等級では同
一程度の職務価値の職務が格付けられる。そのため、同一等級内でレベ
ル感を揃えやすくなる。

　目標設定で押さえておきたいポイントは、等級相応の難易度にするこ
とである。難しい目標を立てた社員が厳しい評価を受けるようなことが
ないようにしなければならない。ただ、個々の職務で期待されるものは
異なるため、難易度を揃えることは容易ではない。そのために、評価者
間での難易度に関する相場観形成をおこなう点が重要である。評価者会
議や評価者研修などの場を通じて、相互にどのような目標を課している
かを共有しあい、レベル感についての協議をおこなうことである。評価
者間で十分な量と質のコミュニケーションをとることが、難易度に対す
る相場観の形成につながる。

　運用面の課題ではあるが、このような相場観形成の場は意図的につく
らなければ、人事制度はうまく機能しない。企業が成長していけば、当

然、各職務に求められる目標も変わってくる。一方で、個々の評価者の肌感覚に目標設定を委ねていると、いつの間にか評価者単位で目標の難易度がバラつくということが起きかねない。定期的に評価者間で目標や評価を共有し、相場観を形成していくことは、企業が健全に人事制度を運用していくためには必要不可欠な施策といえる。

◎目標設定──指標と水準

目標の構成要素は、「何を」「どこまで」「どうやって」「いつまでに」という4つの要素から構成される。目標の評価は、期末に期待する「結果の状態」に対して、どこまで達成したかを評価するものである。そのため、「何を」「どこまで」を測定可能なレベルまで具体化することが重要である。

このとき、「何を」を「指標」、「どこまで」を「水準」とも呼ぶ。目標管理の重要なポイントは、この指標と水準を明確に設定することである。ただし、わかりやすいからといって、定量的な目標のみを設定することは推奨しない。既に解説してきたように、成果責任には、売上・利益等の直接的な成果につながる成果責任もあれば、組織力向上や内部プロセスの改善など、定性的な成果責任もある。目標化にあたり、持続的な成長のためには、これらの定性的な成果責任を目標化することも重要である。

指標を4象限に分けて捉えて整理してみよう。縦軸に成果・プロセス、横軸に定量・定性と置くと、様々な指標の可能性があることがわかる。目標は、「何を目指すか」であり、絶対的な正解はない。現在の状態を見据えながら、何を指標と置くかを考えなければならない（図表3-23）。

例えば、ダイエットの目標を考えるときに最もすぐに思い浮かぶことは、体重を10kg落とすという右上の象限の指標だ。しかし、10kgのダイエットに成功したが、やつれて健康を害してしまったらどうだろうか。本来、格好良くなる、健康的になるといったことが目的だとしたら、目的と目標にズレが発生することになる。目標は達成したが、目的は達成

アウトプット

II. アウトプットの質的指標	I. アウトプットの量的指標
・顧客の評価 ・経営方針適合度 ・関係各部の評価 ・内容の適時性 ・理論性 ・ユーザーの理解度	・売上高 ・利益額 ・コスト ・市場占有率 ・新規商品開発件数 ・新規顧客数
評価・効果	金額・個数

定性 / 定量

施策・行動	回数・時間
IV. プロセスの質的指標	III. プロセスの量的指標
・改善計画の策定 ・業務の自動処理化の実現 ・新制度の導入 ・合理化の具体的方策提示	・ニーズ把握の部門数 ・顧客訪問回数 ・研修回数 ・提案件数 ・工数 ・開発につながる情報収集件数

プロセス

できないというわけだ。左上の領域は具体化が難しいが、無理に定量目標を立ててしまうと、目的に合わない目標になってしまうのだ。

　また、運動習慣が全くなく、成果を求めるのは時期早尚ということであれば、「毎週ジムに通う」「間食をゼロにする」といった右下の象限の目標も有効だ。何から始めたらよいかわからない人の場合、「ダイエット戦略を立てる」といった左下の象限からスタートすることもよいだろう。

　この4象限の指標の考え方は、ビジネスでも共通である。どの指標がふさわしいかを考えて、適切な指標を押さえていくことである。特に、定性的な指標は具体化が難しいから、ついつい避けがちである。だからこそ一段突っ込んで、どのレベルまで求められるかを具体化しなければならない。

定性的な指標では、成功の要件を指標・水準に盛り込むことが有効である。例えば、企画や施策の実行を目標化する際には、期待効果や社内外顧客の評価や満足度などを盛り込むことがお薦めだ。また、「これを外してしまったら成功とは言えない」というポイントがあれば盛り込んでいき、具体的な達成イメージを共有することが重要となる。

◎ リアルタイム評価とノーレーティング

これまで解説してきた伝統的な目標管理の仕組みは、米国を中心に見直しの動きが起きている。その象徴が、リアルタイム評価とノーレーティングだ。事業環境の不確実性が増してきたことで、従来の目標管理制度がフィットしなくなってきているということが根底にある。

1. リアルタイム評価

伝統的な目標管理制度は、半期や年度で目標を設定し、その達成に向けて組織全体を動かしていく仕組みである。これは、半期や年度で、概ね目標達成までの確からしい道筋がわかることが前提となる。

しかし、世の中の不確実性が高くなり、アジャイル経営を志向する企業も増えた。これらの企業では、高速で仮説設定と検証を繰り返し、柔軟に方向性を変えていくことが経営から求められる。こうなると、従来の伝統的目標管理制度はビジネスサイクルと合わなくなり、臨機応変に仮説設定（KPI設定）と検証（評価）をおこなっていく目標管理が必要となってくる。期初に立てた目標にこだわらず、リアルタイムにアップデートを重ねていくような運用である（図表3-24）。

これを支えるのが、評価者と被評価者が高頻度で対話する1on1だ。高頻度での対話を重ねていくことで、目標の進捗やKPI変更などを擦り合わせていく。また、リアルタイムにフィードバックをおこなうことで、被評価者の成長や気づきにつながる機会ロスをなくしていくことができる。

KPIと達成基準はリアルタイムに刻々と変わっていくことが前提であ

図表3-24 リアルタイム評価の実施イメージ

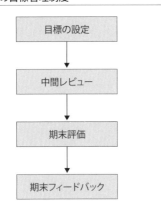

従来の目標管理制度

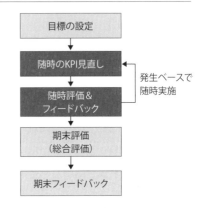

リアルタイム評価

り、1つ1つの達成度そのものに大きな意味はない。そのため、評価は期末になり、総合的な判断で評価を下すこととなる。OKRも同種の仕組みである。

2. ノーレーティング

　世の中の不確実性が高くなっていくと、失敗も多くなる。しかし、失敗を恐れていると、組織は前に進められなくなる。特に、イノベーションを起こそうとすると、10勝1敗でも上出来となる。

　しかし、高評価・標準評価・低評価と明確に標語（Rating）が決まると、どうしても短期的な成功を追求するようになる。目標設定1つとっても、その達成度には駆け引きが生まれてしまう。相対化によって低評価が出てくるようでは、職場の心理的安全性は担保できない。その結果、出てきたのがノーレーティングだ。

　ノーレーティングは「標語をつけない」ことであり、「評価しない」というわけではない。目標管理制度などは、ビジネスツールとして活用する。しかし、評価は標語により「できた／できない」と白黒をつけるのではなく、業績改善やフィードバックに重きを置く。報酬配分は、あ

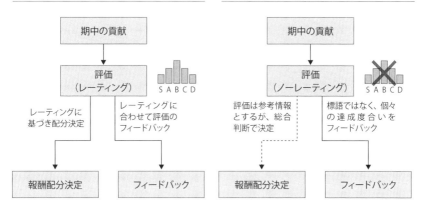

図表3-25 ノーレーティング方式

レーティング方式

ノーレーティング方式

期中の貢献 → 評価（レーティング） S A B C D

レーティングに基づき配分決定

レーティングに合わせて評価のフィードバック

報酬配分決定　フィードバック

期中の貢献 → 評価（ノーレーティング） S A B C D

評価は参考情報とするが、総合判断で決定

標語ではなく、個々の達成度合いをフィードバック

報酬配分決定　フィードバック

くまでも総合的な判断に基づくというわけだ（図表3-25）。

　リアルタイム評価もノーレーティングも、日本企業では、まだまだ取り入れている企業は少ない。いずれの仕組みも、評価者に相応の評価リテラシーやコミットメントが求められることが大きな要因とみられる。

　これらの仕組みでは、評価者が重要な役割を占めることになる。随時のKPIの見直しやフィードバック、レーティングしない総合的な判断など、評価者の自由度が大きいため、うまく活用できるかどうかは評価者次第となる。評価者のレベルにバラつきがあり、従来の制度でも評価やフィードバックが覚束ないようであれば、リアルタイム評価やノーレーティングがうまく機能するとは考えにくい。その点では、この仕組みが広がっていくのは、もう少し時間を要するかもしれない。

◎**行動評価──ビヘイビアマネジメント**

　「行動」を評価対象に入れるということは、会社は社員に「期待する行動」を示し、社員の行動そのものに影響力を及ぼすということだ。「成果」に合わせて、「行動」を評価するとは、達成した成果だけではなく、達成の仕方についてもマネジメントすることを表している。

例えば、ある社員への期待される成果が、新システムの構築だとしよう。「成果」を評価対象とすることは、「新システムが期間どおりにリリースされ、きちんと稼働する」ことができれば、期待された成果は達成したことになる。「行動」を評価するとは、そのプロセスについても、社員に問うこととなる。「幅広く必要な情報収集をおこなう」「段取りをきちんとおこなう」「チームワークを大事にする」といったことが「期待行動」であれば、その行動基準に沿って進めていくことが社員には期待される。新システムリリースの過程で、段取りをきちんと組めていなかったり、チームワークをないがしろにしたりすれば、「行動」の評価は低くなる。会社が社員の行動（ビヘイビア）をマネジメントする仕組みなのだ。

　「成果」と「行動」の両方を評価する場合、評価が重複するところが出てくる。日々のプロセスの積み重ねが成果につながっていくわけだから、成果と行動に一定の相関関係が生じるのは当然だ。では、「行動」を評価する意味は何かというと、安定した成果創出に向けた行動定着である。

　「成果」は「行動」の積み重ねで達成される。「成果」の評価は、最終的な成果の達成度合いが評価基準となる。「行動」はそのプロセスにおける「期待行動の充足度」が評価基準となる（図表3-26）。

　「成果」と「行動」が両方とも高いレベルでおこなわれていれば、成果創出の再現性は高くなる。「行動」の伴わない「成果」には、組織・業務運営上のリスクがある。例えば、売上基準は達成しているが、顧客への配慮や注意力が散漫であったり、チームワークやメンバーフォローをないがしろにしたりするような人物を思い浮かべるとよいだろう。組織への悪影響を減らしたり、成果創出の安定性を高めたりするためには、行動改善が必要となる。行動評価は、プロセスにおける期待行動と実際の行動のギャップを可視化し、改善を促すためのツールと位置づけることで、行動改善を促すことができる。

　ジョブ型人事制度においては、近似した職務規模の職務で区分された

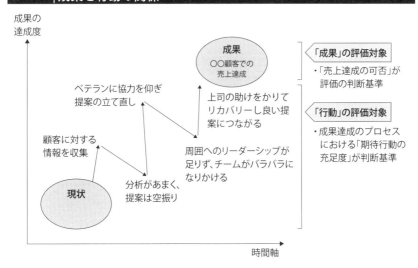

図表3-26 | 成果と行動の関係

成果の
達成度

成果
○○顧客での
売上達成

現状

ベテランに協力を仰ぎ
提案の立て直し

顧客に対する
情報を収集

分析があまく、
提案は空振り

上司の助けをかりて
リカバリーし良い提
案につながる

周囲へのリーダーシップが
足りず、チームがバラバラに
なりかける

時間軸

「成果」の評価対象
・「売上達成の可否」が
　評価の判断基準

「行動」の評価対象
・成果達成のプロセス
　における「期待行動の
　充足度」が判断基準

等級になるので、役割の共通性は見出しやすい。マネジメントにおいて
は、「組織の方針を示す」「タイムリーに意思決定する」「部下を育成す
る」「他部署と円滑に連携する」などのマネジメント行動が共通的に求
められる期待行動となるだろう。

　また、職種という区分でも、個々の職務への共通性を見出しやすい。
営業・開発・生産などでは、求められる行動も変わってくる。営業であ
れば「顧客ニーズにあった提案をする」「顧客の期待値をコントロール
する」、開発では「仕様に合わせた設計をする」「チーム内で素早く情報
連携する」などといったことが重要となる。これらの期待行動を明示し
ていくことで、社員の行動（ビヘイビア）に影響を及ぼし、評価とフィー
ドバックをおこないながら、より望ましい行動を組織全体に定着させる
のが行動評価なのである。

　行動評価の評価基準を抽出するための方法の1つは、ロールモデルの
インタビューである。各階層、各職種において、望ましい行動を体現し
ているロールモデルを選出し、彼ら彼女らが、何を考え、何を見て、ど

のように行動しているかを仔細に聞き出す。そのなかから、社員が「手本にすべきエッセンス」を抽出し、行動評価の評価基準に落とし込む。これにより、社員の行動をロールモデルに近づけていくことで、組織全体の行動レベルの底上げをはかっていく。

◎行動評価のポイント

行動評価は、運用が難しいとされる。対象期間が長く、行動事実が把握しにくいことや、評価の解釈の幅が広く、評価のバラつきが出やすいことが主な原因だ。そこで、いくつか制度構築や運用上のポイントがある。

1. 行動事実の把握—1on1や多面観察の活用

行動評価は、行動事実を把握していることが大前提である。特に、コロナ禍によりテレワークが一気に普及し、日常的な行動把握は困難になった。もちろん、行動評価をやめてしまい、成果評価に集約するというのも1つの選択肢だ。しかし、それでは社員を望ましい行動へと促すことはできない。そこで、もう1つの選択肢が出てくる。行動事実の情報をより広く、深く集めるような仕組みをつくることだ。

行動事実の情報把握も、①**評価者・被評価者間の情報流通を増やすこと**、あるいは、②**その他の情報流入パスをつくっていくこと**、という大きく2つの選択肢がある。

①は1on1などを仕組み化し、評価者・被評価者間が接する頻度を増やしていくことが有効となる。単純にコミュニケーションの頻度が増えていくと、評価者は被評価者の仕事ぶりやフィードバックポイントが見えてくる。被評価者の側も、「きちんと見ている」という認知や信頼感が生まれる。ただし、これをうまくいかすためには、会社の教育投資や啓蒙活動が重要となる。単に1on1を高頻度で開催するよう現場に求めてもうまくいかない。評価者によって実施頻度や内容には大きくバラつきが出てくる。評価者・被評価者間であまり良い関係ではない場合、関

係はさらに悪化することになりかねない。会社としては、この取り組みの意味合いの啓蒙、評価者に対する1on1研修やガイドライン設置、実施状況のモニタリング、被評価者へのヘルプデスク設置などを講じる必要がある。これらの取り組みにより、評価者・被評価者間での建設的な情報流通ができるようになる。行動評価に必要な評価事実を把握できるとともに、職場内のコミュニケーションを活発にさせ、職場の活性化につなげられるのだ。

　②は、多面観察を活用することが有効である。昨今では、業務プロセスが複雑化し、上司である評価者が仕事ぶりを把握しきれないことも多い。そのための情報補完として、被評価者の仕事上の接点のある社員から情報収集をおこなうのである。評価者は、その情報を評価材料の1つとして取り扱い、行動評価やフィードバックをおこなう。より被評価者に対する広い情報をもとにすることで、透明性や納得性を高めていくのだ（図表3-27）。

2. 評価者の相場観の形成

　行動評価は、評価自体に評価者ごとのバラツキが起きやすい。それは、評価の解釈の幅が広いことによる。評価基準がきちんとできていても、評価者の認知バイアスには違いがある。ヒトによって、重視するポイントや優先度が異なるためだ。

　例えば、顧客志向という行動基準があったとしよう。担当者の不注意により顧客からクレームが起きてしまったが、担当者の必死のフォローにより信頼感を回復したとする。「不注意によりクレームを起こした」ことを重視すると厳しい評価になる。一方で「信頼感を回復した」ことを重視すると良い評価になる。行動評価では、常にこのような解釈の幅が出てきてしまう。

　評価者個々の判断に委ねていくと、偏った行動の捉え方が起き、行動評価そのものに対する信頼感も低下しかねない。それでは、行動評価を通じた「望ましい行動の組織全体への定着」はできなくなる。

アンケート

※本アンケート結果は対象者の評価の参考情報として活用されます。
※回答結果がそのまま本人にフィードバックされることはありません。
※本人の成長のために活用しますので、忌憚のないご意見をお書きください。

セクションⅠ：期待行動の発揮度合い

		非常によくあてはまる 5 ←	比較的あてはまる 3 →	全くあてはまらない 1	わからない
変化対応	自身の顧客・業務に関連する環境（顧客ビジネス・媒体・ユーザー・テクノロジー等）の特徴・特性や最新情報をタイムリーに把握し、業務に活用・実践（変化対応）していたか？	5 4	3	2 1	
仮説思考	自身の顧客・業務に関連する情報・データを把握し、複数のシナリオを仮説として立てたうえで優先順位や段取りをつけて効果的に業務を推進していたか？	5 4	3	2 1	
顧客対応	顧客のニーズ（成果・品質・納期・仕様・価格等）や期待レベルを顧客とのコミュニケーションを通して明確にし、それらを充足させるサービス・ソリューションを提供していたか？	5 4	3	2 1	
対人影響	相手のニーズを把握・理解し、それらに沿った形で根拠を明らかにして自身の意見をきちんと伝えるコミュニケーションをおこなっていたか？	5 4	3	2 1	
ネットワークの活用	社内外のキーパーソンや関係者の協力・支援を取り付け、各々の立場や利害に配慮し、うまく巻き込みながら業務を推進していたか？	5 4	3	2 1	
人材育成／成長の意欲	自身の能力開発につながる仕事や機会を積極的に求めるとともに、他者からの学びの吸収や自己啓発など自らの成長に向けて常に積極的に取り組んでいたか？	5 4	3	2 1	
組織貢献	自ら進んで周囲に協力・協調的なスタンスで業務を推進するとともに、主体的に自らの成功・失敗体験を共有するなど組織貢献に取り組んでいたか？	5 4	3	2 1	

セクションⅡ：強みと成長課題

本人の強み	本人のキャリア上の強みと思われる点があれば、記載してください
本人の開発課題	本人のキャリア開発に向けて課題と思われる点があれば、記載してください

評価者の認識を合わせていくためには、評価者間での認識の擦り合わせの機会を持つことだ。評価者研修や評価者会議などを有効に活用し、認識合わせをおこなっていくことが有効である。評価者研修では、仮想のケースや実際の評価をもとに、個々の評価と根拠を共有していく。他の評価者の評価ポイントや判断根拠などを知ることで、評価者の視野を広げていくのだ。評価者会議も同じである。評価のアップダウンの調整だけではなく、評価事実と評価基準に立ち戻って議論することだ。これらの認識の擦り合わせの機会を増やしていくことが、評価者の解釈の相場観を形成し、「望ましい行動の組織全体への定着」につながっていく。

◎フィードバックの重要性

　評価の目的は、「会社の期待する方向に社員を導く」ことだけではなく、「フィードバックと適切な報酬により、動機づけや成長を促す」ことを忘れてはならない。

　評価基準を定めることや評価をすることは、期待する方向に社員を導くことである。しかし、いかに正しく評価しても、被評価者に伝わらなければ、被評価者の動機づけや成長にはつながらない。「フィードバック」こそが、動機づけや成長促進のためには重要なのだ。

　フィードバックは、「評価結果を伝える」だけではなく、「改善課題や成長課題の認識を合わせ、取り組むべきことや必要な支援を合意する」ことである。評価結果の伝達は、どうしても評価者と被評価者で心理的な対立が起きやすい。そのため、次のステップである成長支援まで行き着かないことも多い。既に述べたように、ノーレーティングは「評価結果を伝える」ことの心理的対立をなくし、成長支援に重きを置いたものだ。

　フィードバックをうまく機能させていくには、評価者は被評価者の心理状態をきちんと把握して、丁寧に心理的抵抗感を取り除かねばならない。心理的に受け入れることができない状態を「**レディネスのない状態**」というが、被評価者がこれに陥ると、どれほど正しいことを伝えて

も相手が受け入れることはない。「レディネスのない状態」で起こりやすい反応は次の6つである（図表3-28）。

反発：感情的な態度を示す
攻撃：相手の問題を感情的に指摘する
転写：第三者の欠点をあげて問題をすり替える
合理化：自分の問題に無理に理由をつけて言い訳する
抑制：黙りこんでしまったり、本音を話さなくなったりする
逃避：逃げようとする

このような場合には、「伝える」ことに力点を置かず、相手の言い分を聞く傾聴モードに切り替えなければならない。フィードバックのゴールは、最終的に被評価者が建設的に改善課題や成長課題について合意し、パフォーマンスや行動改善につなげていくことだ。

評価者のなかには、「フィードバック＝評価の伝達」と捉える人もい

図表3-28 被評価者の心理状態

「心理的に受け入れることができない　（レディネスのない状態）」

（参考：相手にレディネスがない場合に起こりやすい反応）		
	概要	言動例
• 反発	：感情的な態度を示す	「もう、やってられないですよ」
• 攻撃	：相手の問題を感情的に指摘する	「あなただってできてないじゃないですか」
• 転写	：第三者の欠点をあげて問題をすり替える	「彼も同じ事をやっているじゃないですか」
• 合理化	：自分の問題に無理に理由をつけて言い訳する	「できなかった理由は2つあって、…」
• 抑制	：黙り込んでしまったり、本音を話さなくなる	（無言）
• 逃避	：逃げようとする	（顧客との予定を入れて、その場に来ない等）

れば、心理的対立を取り除くことが苦手な人もいる。会社が評価を通じて組織全体を成長サイクルにのせていくためには、評価者にフィードバックの意義を繰り返し伝えるとともに、具体的なノウハウを学ぶための機会を提供することが必要となる。人事制度をうまく機能させようとすると、その使い手たる評価者のレベルアップが欠かせないのだ。

ジョブ型人事制度における報酬制度

◎報酬制度の狙い

　報酬制度には、いくつかの狙いがある。会社によって、事業や市場環境が異なるため、それぞれの優先順位は異なるが、大きくは次の3つがあげられる。

- 適正な報酬を配分すること
- 外部から優秀な人材を獲得し、定着させること（人材流出を防ぐこと）
- 社員の中長期的な動機づけをおこなうこと

　日本版ジョブ型では、過去の年功的な報酬からの脱却に重きを置いて、上位階層をジョブ型人事制度に改定することも多い。年功的な人事運用をしてきた企業では、職務と報酬の整合性がとれていない。縦軸に階層、横軸に年収を置いて分析してみると、同一階層内での報酬幅が極端に広かったり、階層間の逆転が起きたりする。わかりやすく言うと、同程度の職務規模でも大きな報酬の開きがあったり、上司と部下の報酬逆転が頻発したりする状況だ。これでは、社員を動機づけ、会社全体の競争力を維持することはできない。「社内の適正配分」は最も重要な要素なのである。(図表3-29)。

　また、外部労働市場との兼ね合いは十分に考えなければならない。端的には、人材獲得と定着（人材流出防止）である。新卒一括採用を主な人材確保手法と考えると、流出防止の意味合いが大きい。せっかく教育投資をおこない、人材を育成しても、競合他社や異業種へ流出してしまえば、それまでの教育投資は無駄になる。また、事業戦略に応じて、組織設計や職務の明確化をしても、担い手であるヒトがいなければ、戦略の

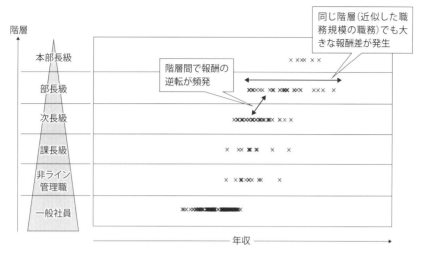

図表3-29 年功的企業の報酬分析例

階層

本部長級
部長級
次長級
課長級
非ライン管理職
一般社員

同じ階層(近似した職務規模の職務)でも大きな報酬差が発生

階層間で報酬の逆転が頻発

年収

出所：コーンフェリー
※本分析は、複数のプロジェクトをもとにサニタイズしたものであり、特定個社のものではありません

実現は困難になる。労働市場における市場競争力を一定に維持することが必要となるのだ。

　日本版ジョブ型では、定年までの長期雇用が前提となる。そのため、中長期にわたって動機の維持・向上が必要である。ジョブ型人事制度では、職務と報酬の整合性をとるが、どの程度、厳格に整合性をとるかは、企業が決めていかねばならない。中長期的な動機の維持・向上を考慮し、慎重に検討する必要がある。

◎日本版ジョブ型における報酬体系の括り方

　ジョブ型人事制度における報酬制度には、「職務や職種ごとに個別に報酬を決めなければならない」と誤解している人もいるが、決してそういうわけではない。海外と日本では、労働市場の違いがあるため、そのあたりの違いも含めて解説をしていきたい。

　海外では、職務や職種ごとの市場相場観がかなり明確に形成されてい

る。職務を明らかにし、労働市場から経験・実績・能力のある人材をピンポイントで採用するため、報酬の市場競争力がなければ人材を獲得できないし、報酬の市場競争力を維持できなければ、すぐに人材流出が起きてしまう。職務・職種単位で市場競争力を保つことが、人材定着の条件なのである。欧米では、業界ごとの職種別組合の存在も大きい。労働条件の改定は、個社単位ではなく、業界の職種単位でおこなわれる。「個社」よりも「職務・職種」を優先させるように、社会全体のシステムが成り立っているのだ。

　一方で、日本では、個社ごとの報酬水準である。メンバーシップ型雇用による報酬は、積み上げの報酬となっているからだ。入口である初任給は、市場水準と採用競争力を意識し、各社ともに大きく変わらない。しかし、入社後の昇給・昇格は個社ごとに大きく異なる。柔軟な配置転換をおこない、職務・職種という概念が希薄なゼネラリスト中心の日本企業も多い。また、基本的な労働条件の改定は、個社単位の労働組合でおこなわれる。結果として、労働市場において職務・職種より、個社が報酬決定の大きな要因になっている。

　労働市場において職務・職種ごとの市場相場観が形成されていないため、大半の職務・職種において厳格に労働市場と合わせる意味合いが低い。また、日本版ジョブ型では、会社が任命権を持って配置転換をおこない、要員充足をおこなっていく。職務・職種ごとに報酬水準がバラついていては、配置転換はしにくくなる。そのため、多くの職務・職種においては、共通的な報酬体系とすることが現実的だ。職務等級と報酬水準は連動するため、全体的には職務価値に応じた報酬が実現できる。

　ただし、例外的に報酬を全体から切り離した体系としたほうがよい職種がある。それは、需要が高く、市場流動性の高い高度専門的な職種・職務である。市場の相場観は、市場取引量に応じて形成される。需要が高く、転職が活発におこなわれるような職種・職務においては、報酬水準の高騰が起こる。このようなことが起こると、全体と同じ報酬水準・報酬体系では、人材獲得はできないどころか、人材流出が一気に起こる。

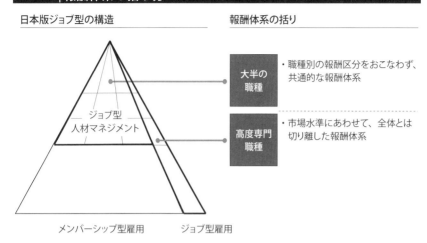

図表3-30 | 報酬体系の括り方

日本版ジョブ型の構造

ジョブ型
人材マネジメント

メンバーシップ型雇用　　　　ジョブ型雇用

報酬体系の括り

大半の
職種
・職種別の報酬区分をおこなわず、共通的な報酬体系

高度専門
職種
・市場水準にあわせて、全体とは切り離した報酬体系

第1章でも述べたが、昨今ではAIを中心としたエンジニアの人材獲得競争が世界的に起こっている。このような高度専門的な職種は、全体から切り離し、市場相場に合わせた報酬へと切り替えなければならない（図表3-30）。

◎ターゲット年収の設定（市場水準と社内水準の兼ね合い）

　ジョブ型人事制度を導入する際には、改めて自社の報酬水準はどうあるべきかを検討しなければならない。ターゲット年収とは、各等級における目安となる年収のことである。制度設計上は、このターゲット年収をもとに組み立てていくこととなる。

　報酬水準を検討する際に、押さえておきたいポイントは2つある。

- 採用獲得・定着（人材流出防止）の視点で、報酬水準の見直しの必要性があるか？
- 職務等級ごとに適正な格差がつけられるか？

1. 採用獲得・定着（人材流出防止）の視点で、報酬水準の見直しの必要性があるか？

　報酬水準は、まず現在の報酬の労働市場での位置づけを理解しなければならない。業界や競合他社と比較して、現状の報酬水準の市場競争力を確認することが望ましい。社外の報酬水準の把握は、厚生労働省が刊行している『賃金構造基本統計調査（賃金センサス）』をはじめとした外部機関の公開情報を活用することが有効である。

　コーン・フェリーでは、グローバルで報酬調査を展開しており、日本でも約270社（2021年12月現在）が参加している。参加企業は、職務評価により測定したジョブグレードをもとに、市場水準と比較可能となる。これらの報酬情報をもとに、自社の採用競争力を把握することは、自社の市場競争力を確認するには有効といえよう（図表3-31）。

　現状の実態を把握したうえで、果たして報酬水準の見直しの必要性があるかどうかは決めなければならない。

　ここで、もう1つ押さえておきたいポイントは、実際の採用や定着の状況である。報酬水準を社外市場水準に合わせていく目的の1つは、採

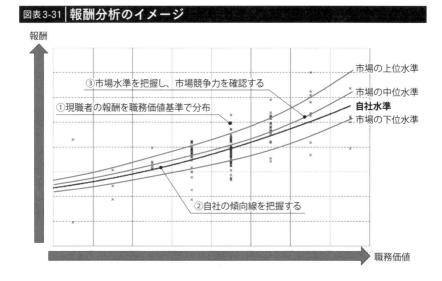

図表3-31 | 報酬分析のイメージ

用や定着における課題解決である。キャリア採用において条件面で折り合いがつかずに人材採用ができない。あるいは、報酬水準を理由に他社へ流出していく層がいる。このような採用・退職の実態もあわせて把握しておくことだ。これらの課題を考慮して、報酬水準を見直していかなければならない。

2．職務等級ごとに適正な格差がつけられるか？

　日本版ジョブ型における報酬制度で最も重要な要素の1つは、等級間格差である。職務等級は、職務価値を測定し、序列化した職務をグルーピングしたものである。職務等級の違いは、職務価値の違いを表している。職務価値の違いに報いるためには、職務等級ごとに適正な報酬格差をつけることに他ならない。この際に、社外市場水準も考慮しながら、職務等級ごとの報酬格差を設定する。標準的な部長や課長など外部報酬水準も含めて、本来の水準や格差を考えて、報酬の階段を設計する（図表3-32）。

　ジョブ型人事制度を管理職対象とする場合、非管理職との報酬の兼ね

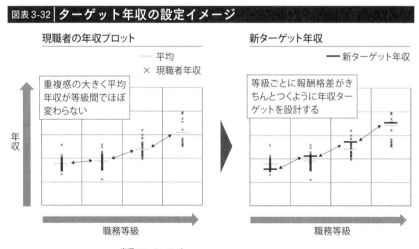

図表3-32 **ターゲット年収の設定イメージ**

出所：コーン・フェリー
※本分析は、複数のプロジェクトをもとにサニタイズしたものであり、特定個社のものではありません

合いも押さえる。日本企業では、管理職を管理監督者扱いする企業が多い。非管理職は時間外手当支給の対象となるため、報酬の逆転が起きやすい。そのままにしておくと、管理職になりたくない社員が増え、優秀な人材を登用できなくなるリスクが高まる。それを避けるには、非管理職の報酬上限を下げるか、管理職の報酬水準を引き上げるか、あるいは時間外労働の削減を進めていかねばならない。多くの場合は、単一の方法ではなく、組み合わせていくこととなる。いずれにしても、等級間の適正格差という点では、時間外手当の兼ね合いも考慮して、設定することとなる。

ターゲット年収が決まれば、報酬項目ごとに、報酬設計をおこなっていく。以降では特に、年収の主な構成要素として、給与と賞与について説明していく。

◎報酬構成要素① 給与（職務給）

ジョブ型人事制度では、給与は職務等級によって規定される。職務等級は職務価値によって決まるため、「職務給」と呼ばれることが多い。

職務給を導入する際にまず検討しなければならないのは、等級一律の単一報酬（シングルレート）とするか、複数報酬（マルチレート）とするかである。マルチレートのなかには、等級間の逆転を許容する重複型と等級間で格差をつける階差型に分かれる。

報酬幅の広さによって、職務と報酬の関連性の強弱が決まる。報酬幅が狭くなるほど、職務との関連性は強くなる。つまり、ジョブ型の本来の機能である「職務価値に応じた報酬」が実現しやすいのである。

一方で、デメリットもある。まず、あげられるのは、市場からの人材獲得の難しさだ。単一報酬（シングルレート）を導入すると、報酬の調整余地がなくなる。社外から人材採用をおこなおうとすると、採用時に提示できる報酬は一択しかなくなる。労働市場でも上位クラスの報酬水準でなければ、社外から容易に人材獲得ができなくなる。

また、社員の中長期的な動機維持も単一報酬（シングルレート）ではし

にくい。給与増加は、上位職務等級への任用のみになるからだ。上位の職務が埋まっている場合には、給与増加の見込みは全くなくなる。これでは、中長期にわたり、動機を維持しつづけるのは難しい。特に、日本版ジョブ型では、長期雇用が前提となる。上位等級へ順調に上がっていくのは、会社の階層構造から、一部の社員に限られる。会社全体の活力を維持するためには、ミドルパフォーマーの動機維持が最も重要である。そのためには、一定の報酬幅を許容するのも日本版ジョブ型ならではの選択肢といえるだろう。

実際に、コーン・フェリーが2021年におこなった実態調査では、複数報酬（マルチレート）を採用する企業が8割近くであった。そのなかでも、等級間の逆転を許容する重複型が6割を超えていることがわかる。採用競争力や中長期的な動機維持も含めて、これについては慎重な検討が求められる（図表3-33）。

単一報酬（シングルレート）の場合は、昇降給という考え方はない。一方で、複数報酬（マルチレート）の場合は、そのなかで昇降給のルールを

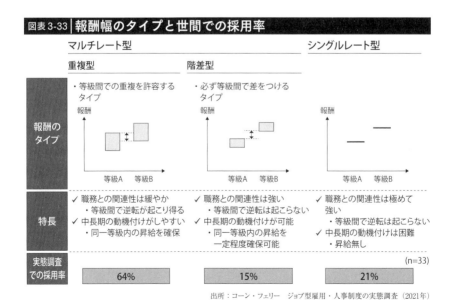

図表3-33｜報酬幅のタイプと世間での採用率

出所：コーン・フェリー　ジョブ型雇用・人事制度の実態調査（2021年）

決めることになる。

　昇降給で押さえるべきポイントは、「範囲給のなかで、どのような屈折カーブとしたいか?」である。特に、傾きと屈折点の組み合わせで昇給テーブルは決まってくる。標準評価では、平均的にどの程度の昇給額（昇給率）とするか、一定レベル以上になればカーブを寝かせるか、何段階の屈折点を設けるかを検討することである。

　傾きと屈折点は、報酬幅とあわせて検討すべき論点である。報酬幅が広くなると、単一カーブだと、報酬は上方硬直的になる。

　一方で、屈折点を多くすると、複雑になり管理が煩雑になる。また、どの程度の期間で報酬上限に到達するかも考慮に入れなければならない。これらをもとに、基本のカーブを決め、評価によるメリハリをつけ、昇給テーブルに落とし込んでいくのだ（図表3-34）。

　評価制度において、評価対象を「成果及び行動」とする場合、成果評価を賞与に反映し、行動評価を昇降給に反映することが多い。給与は、各職務における年間の業務遂行に対する期待報酬である。そのため、職

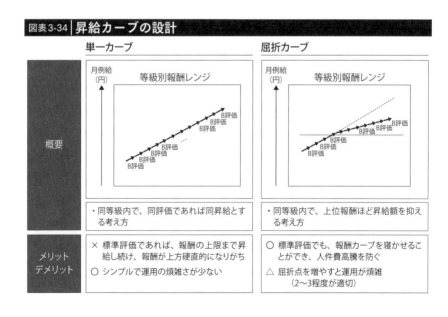

図表3-34　昇給カーブの設計

	単一カーブ	屈折カーブ
概要	月例給（円）等級別報酬レンジ B評価 B評価 B評価 B評価 B評価	月例給（円）等級別報酬レンジ B評価 B評価 B評価 B評価 B評価
	・同等級内で、同評価であれば同昇給とする考え方	・同等級内で、上位報酬ほど昇給額を抑える考え方
メリットデメリット	× 標準評価であれば、報酬の上限まで昇給し続け、報酬が上方硬直的になりがち〇 シンプルで運用の煩雑さが少ない	〇 標準評価でも、報酬カーブを寝かせることができ、人件費高騰を防ぐ△ 屈折点を増やすと運用が煩雑（2〜3程度が適切）

務に求められる行動の充足度がフィットするのだ。

　一方で、賞与は評価対象期間の貢献に対する清算報酬であるため、成果の達成度がフィットする。昇給テーブルの設計にあたっては、何の評価と対応させるかも、あわせて検討が必要となる。

◎報酬構成要素②　賞与

　賞与には、原資決定と配分の2つのルールを決めることが必要になる。

　原資決定ルールが全社業績の反映部分であり、配分ルールが個人業績の反映部分と捉えるとよいだろう。これにより、社員の全社業績及び個人業績の達成への意識づけをおこなうことができる。会社によっては、部門業績も賞与へ反映することもあるが、その際は、配分ルールに上乗せするかたちが一般的である。

　原資決定ルールは、会社によって大きく差がある領域である。明確に原資算定のロジックを決めているところもあれば、その時々の経営環境をもとに経営の総合判断によって決めるところもある。原資算定のロジックを決めると、社員に業績指標へのコミットメントを求めやすくなる。全社の特定の業績指標があがれば、賞与原資が増え、社員に還元することを約束するものだからだ。なお、業績指標には営業利益あるいは経常利益が選択されることが多い。一方で、賞与算定ロジックを決めてしまうと、社員の貢献に関係のない要素も反映することになりかねない。例えば、為替の変動や大型の設備投資・買収などである。原資決定ルールを目安としつつも、経営による総合的な判断をおこなう企業が多い（図表3-35）。

　総合判断ではなく、ある程度の原資決定ルールを決める場合、業績指標と原資決定カーブを決めることになる。業績指標は、経営指標のうちから選択することとなる。賞与は全社の利益配分であることを考慮し、営業利益あるいは経常利益を業績指標とすることが多い。

　ターゲット年収をもとにした賞与原資は、ターゲット業績に相当するターゲット賞与原資になる。そこから、固定部分の要否を踏まえ、傾き

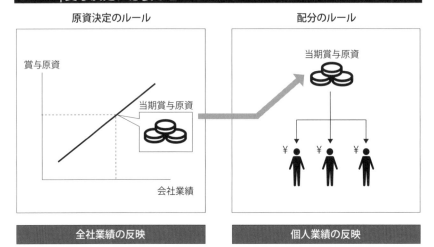

図表3-35 | 賞与決定に必要な2つのルール

原資決定のルール

配分のルール

賞与原資

当期賞与原資

当期賞与原資

会社業績

¥　¥　¥

全社業績の反映

個人業績の反映

を決めていく。傾きはリスク・リターン率を表す。傾きが急であればハイリスク・ハイリターン、傾きが穏やかであればローリスク・ローリターンとなる。あまりにハイリスク・ハイリターンとすると、会社全体が短期業績追求に陥るため、注意が必要である。いくつかのパターンを比較検討し、原資決定ルールを決めるのである（図表3-36）。

　配分ルールは基本的には個人業績に応じて賞与の振れ幅をつけることとなる。1つの例として、ターゲット年収をもとにした職務等級のターゲット賞与を標準業績とし、評価段階ごとに振れ幅をつける設計がある。レーティング方式の場合は、明確に評価段階と振れ幅を一致させる。ノーレーティング方式においても、ある程度の配分目安を持っておくことが多い。

　この賞与の振れ幅がメリハリと言われるところだ。賞与ではメリハリをつけていくことで、成果達成への意欲を喚起することができる。メリハリをつけすぎると、過剰な競争意識をあおってしまったり、成果達成に向けた問題行動（不正等）を誘発しまったりするリスクがある。一方で、メリハリが小さいと、成果達成への意欲を刺激できない。「やって

業績指標の選択

原資決定カーブの検討

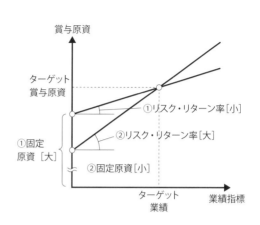

新ターゲット賞与

評価によるメリハリの設定

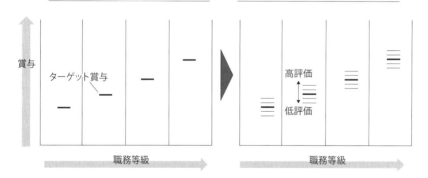

　もやらなくても、大して変わらない」と認識されてしまうのだ。

　どこまでメリハリをつけるかは、個人の成果貢献が個人で達成可能かによる。マンション営業や住宅販売など、個々人の創意工夫や力量が大きく「個人成果」にはねかえる業態では、メリハリが大きいほうが適し

ている。複数のエンジニアによるハードやソフトの開発などでは、個々
の創意工夫や力量の差はあっても、基本的には「チーム成果」にはねか
える。個々人の配分で大きくメリハリをつけすぎてしまうと、チーム
ワークを阻害しかねない。企業ごとに、どの程度が自社には適している
かを考慮し、メリハリをつけていくことである (図表3-37)。

◎ 退職金・年金のあり方

　給与（職務給）は期待報酬、賞与は清算報酬に対して、退職金・年金
は長期貢献報酬といえる。ジョブ型人事制度においては、「**長期にわた
る職務遂行による貢献に対して報いていく報酬**」と捉えるとよいだろう。

　退職金・年金の構成要素は、フレームワークと算定方式からなる。

1. フレームワーク

　退職金・年金のフレームワークは、大きく分けると「確定給付型」と
「確定拠出型」に分かれる。確定給付型は、給付を確定させるもので、
確定給付年金やキャッシュバランスプランがあてはまる。会社の内部留
保から退職金を一時金で支給する退職一時金は、年金支給のオプション
はないが、退職時の退職金額は確定しているため、確定給付型に位置づ
けられる。一方で、拠出が確定しているのが、確定拠出型だ。企業は掛
金を拠出し、社員が運用し、運用益によって退職金あるいは年金として
受け取れる金額が変わる。401K（確定拠出年金）と呼ばれるものだ (図表
3-38)。

　フレームワークには、会社の「社員の老後資産形成への保障の度合
い」が反映される。確定給付型は、会社が給付を確定するため、かなり
強い保障となる。特に確定給付年金では、年金受給期間の利率までも会
社が保障する。一方で、確定拠出型の保障は強くない。掛金の拠出まで
が会社の負担であり、老後の資産形成は社員の自己責任に委ねられる。

　確定給付型は、メンバーシップ型に近い考え方である。組織メンバー
として雇用した以上、老後の資産形成まで会社が面倒をみるという考え

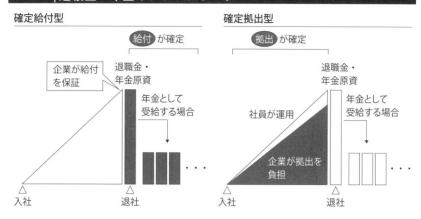

図表3-38 退職金・年金のフレームワーク

確定給付型

給付 が確定

企業が給付
を保証

退職金・
年金原資

年金として
受給する場合

・・・

入社　　　　　　　退社

確定拠出型

拠出 が確定

退職金・
年金原資

社員が運用

年金として
受給する場合

企業が拠出を
負担

・・・

入社　　　　　　　退社

方だ。特に確定給付年金とする場合は、会社が年金給付の利率までも負担する。年金資産運用が好調であればよいが、不調の場合は追加掛金が必要となる。そして、追加掛金は現役世代の稼ぎ出した会社収益からまかなわれる。OBの老後生活を現役世代が支えるという構図になる。

　確定拠出型は、ジョブ型に近い考え方だ。貢献の対価として、掛金を支給するが、運用は自己責任となる。老後の生活保障のために、会社が追加負担することはない。あくまでも、掛金分を長期貢献の対価として支給するだけだ。そのため、確定拠出型はジョブ型との親和性が高い仕組みといえる。

　ただし、確定拠出年金には拠出限度額があるため、確定拠出年金だけで退職金・年金をまかなうことは難しい。そのため、確定拠出型を入れるとしても、確定給付型との組み合わせとなるのが一般的だ。

　いずれにしても、「社員の老後資産形成への保障の度合い」をどの程度持つかを考慮のうえ、フレームワークを選択することとなる。日本版ジョブ型では、確定拠出型も組み合わせのなかの有力な選択肢の1つとなる。

2. 計算方式

　計算方式は、「最終給与連動方式」と「ポイント方式」に分かれる。最終給与連動方式は、「最終給与×勤続年数別係数」によって求められる。ポイント方式は、毎年、等級や勤続などに応じて付与される「退職金ポイント」を積み上げていくことで計算される。日本企業では、従来型の最終給与連動方式によることが多い。

　重要なポイントは、これらの計算方式の結果、どのような支給カーブとなるかである。最終給与連動方式は、勤続年数別係数によって年代ごとの傾斜が変わることが多い。典型的な支給カーブはS字カーブだ。若手時代の支給は抑えられ、中堅時代に急激に支給は増加し、シニア時代には緩やかになる。これは、若手時代に退職するのは損であり、一定期間以上の在籍を促すカーブである。

　この支給カーブは一律的に「**長期勤続**」を促す報酬といえる。ただし、「**長期にわたる職務遂行による貢献**」を正しく反映したものではない。なぜなら、若手の貢献分を中堅・シニアに乗せているようなものだからだ。

　中途社員を考えてみると、「長期にわたる職務遂行による貢献」が正しく反映されていないことが明らかだ。勤続歴が浅いと、職務貢献が大きくても退職金は低い。場合によっては、カーブが立ち上がる前に定年が来る。貢献と報酬の関係が歪んだカーブというのがよく理解できるだろう。

　ジョブ型のポリシーとの整合性をとるためには、このようなカーブは是正していくべきである。職務貢献の大きさによって、リニアに積み上がっていくカーブへと変えていくべきだ。ポイント方式は、そのカーブを実現するための選択肢の1つだ（図表3-39）。

　職務等級あるいは職務給に連動して、毎年、積み上げるポイントを定める。ポイントの算定根拠は、職務等級あるいは職務給に基づくものとすることで、職務価値に準じたものとすることができる。従来型の退職金設計では、年齢や勤続期間に応じたポイントを付与することもあるが、

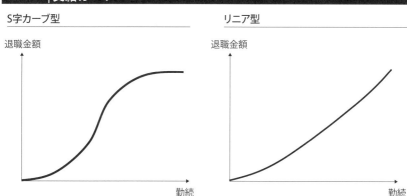

図表3-39 支給カーブ

S字カーブ型

退職金額

勤続

リニア型

退職金額

勤続

制度改定のタイミングで見直すことが望ましい。この改定により、退職金・年金においても職務基軸とすることで、人事制度全体の整合性をとるのだ。

　本章では、ジョブ型人材マネジメントの核となるジョブ型人事制度について、そのエッセンスと具体的なポイントを詳述した。次章では、基幹人事制度以外のジョブ型人材マネジメントの各要素（採用、人材配置・アサイメント、育成、代謝）について取り扱っていく。

日本版ジョブ型の
人材マネジメント

日本版ジョブ型人材マネジメントとは

　人材マネジメントとは、企業のビジョン・業績目標の達成に向けて、様々な人事制度・施策（採用、人材配置、育成、評価、報酬等）を組み合わせていくことで、社員の力を効果的に引き出していくことだ。第2章で触れたが、従来、日本企業はヒト中心の人材マネジメントをおこなっており、採用から代謝までの人材フローをもとに組み立ててきた。しかし、ジョブ型人材マネジメントは、人材フローをもとにしているわけではない。職務を中核に据えて、全ての人事制度・人事施策を組み立てていくことになる。日本版ジョブ型では、入口と出口である採用・代謝については、新卒一括採用と定年の要素を残したまま、ジョブ型の人材マネジメントのエッセンスを取り込んでいくこととなる。

　本章では、日本版ジョブ型の人材マネジメント（採用、人材配置・アサイメント、育成、代謝）の各要素について解説していく（図表4-1）。

図表4-1｜日本版ジョブ型における人材マネジメントの全体像（再掲）

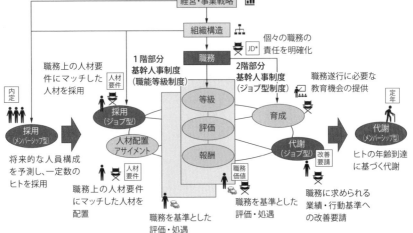

採用

◎新卒一括採用と中途採用のあり方

　多くの日本企業においては、新卒一括採用が主力の人材獲得手法として引き続き残ることであろう。日本版ジョブ型では、定年退職や自己都合退職が毎年、一定数出てくる。社内に必要な人員を充足させるためには、計画的な人員獲得手法を持つ必要があり、新卒一括採用を手放すのは難しい。

　ただし、ジョブ型人材マネジメントへシフトしていくと、採用のあり方も従来と全く同じというわけにはいかない。従来は、基本的に新卒一括採用で大半の要員充足をおこなってきた。そして、不足する部分は中途採用で対処してきた。あくまでも、新卒一括採用が主であり、中途採用が従であった。

　ジョブ型人材マネジメントにより、即戦力重視の中途採用の重要性が増してくる。ジョブ型では、職務を明らかにし、職務適性の高い人材を配置する適所適材が原則となる。一方で、いままでは大抵のことをこなせるゼネラリストを配置転換することで、要員充足をおこなうのが一般的であった。

　しかし、事業や商流、テクノロジーなどの複雑さが増し、職務の専門性や難易度もそれに比例して増してきている。職務を規定することで、個々の職務に求められる要件も明らかになる。特に要職は、その職務のパフォーマンスが戦略の成否に大きな影響を及ぼす。社内のゼネラリスト人材を登用するのではなく、社外から経験・実績のある人材を採用することも選択肢としてあがってくるだろう。

　例えば、かつて日本企業では、人事部門トップは社内人材を登用するケースが多かった。それは、社内での事業理解や広範なネットワークが、全社横断的な調整に大いに有効だったからだ。しかし、人事機能に対す

る戦略期待は高まりつつある。ジョブ型人材マネジメント、組織開発、グローバル人事、人事DXなど、対応すべきテーマは目白押しだ。人事部門トップをCHROとする企業も増え、組織・人事に関する理論や戦略的なノウハウも求められるようになった。昨今では社外からCHROが採用されることも珍しくなくなってきた。

　職務を規定することは、各職務への期待を明らかにすることでもある。テクノロジーが進化し、ビジネスが高度・複雑化している昨今では、専門ノウハウや実績・経験が重要な職務も多い。ジョブ型人材マネジメントへのシフトが進むと、不足を補う中途採用の位置づけのままではなくなる。むしろ、特定の職務をこなせる人材を社外から積極的に採用することも必要となる。よって、日本版ジョブ型では、中途採用の比率や重要性が増すことになるだろう。

◎事業戦略ベースの要員計画

　ジョブ型人材マネジメントでは、採用の起点は事業戦略ベースとなる。日本版ジョブ型においても、同様に事業戦略が起点となる。目標とする売上・利益額や、それを実現するための製品・技術・サービス戦略などが事業戦略のコアだ。それをもとに、必要な組織機能や要員計画が立てられる。

　海外のジョブ型雇用では、要員計画に基づき、採用・代謝をおこなう。しかし、日本版ジョブ型ではそこまで単純ではない。「雇用の保全性」が求められるため、代謝には制限がかかる。全社の人員を有効活用するために、配置転換による内部充当も含めて要員計画を立てていく。事業戦略に必要な人員の量・質を満たすとともに、全社の人員リソースを有効に活用しなければならない。また、必要な機能・人員に合わせて要員管理をおこなうことが、人件費の適正管理にもつながる。

　従来の日本企業の要員計画や人件費予算は、一部の企業を除くとかなり大雑把なものが多かった。ヒトの出入りが少なく、既存社員のなかでやりくりすることが前提であり、詳細な要員管理は不要であった。また、

処遇はヒトに紐づいており、事業戦略や組織設計と関連性を持たなかった。人件費は事業戦略とは切り離されたものだったのだ。そのため、要員計画や人件費予算にあまり重きが置かれなかったといえる。

しかし、ジョブ型人材マネジメントでは、その前提は大きく変わる。事業戦略起点で組織設計・職務定義をおこない、必要な人材を配置していく。組織設計や人員配置によって、人件費は変動し、コントロールをある程度効かせることもできる。要員計画や人件費予算も、事業戦略の重要な要素となるのだ（図表4-2）。

職務記述書は、人材の質を明らかにするためには、重要なツールとなる。採用は投資であり、中途採用は追加投資と捉えられる。社内に「雇用の保全性」が求められる人材がプールされているなかで、中途採用により、あえて外部から人材を獲得するからだ。追加投資をおこなうためには、費用対効果が欠かせない。

職務記述書は、いわば期待効果である。職務に求められる責任や難易度を明らかにすることで、職務期待の共通認識をつくることができる。期待効果を得るために、社内人材からの充当が困難であれば、追加投資

図表 4-2 事業戦略起点の要員計画

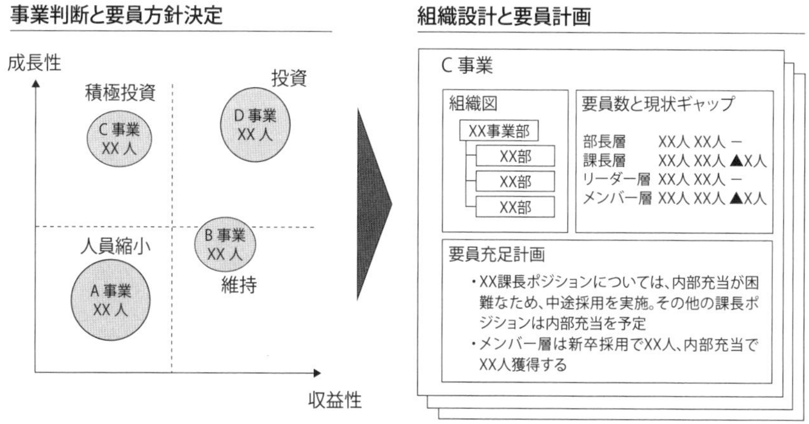

事業判断と要員方針決定

成長性

積極投資　　　投資
C事業　　D事業
XX人　　XX人

人員縮小　　　B事業
XX人
A事業　　維持
XX人

収益性

組織設計と要員計画

C事業

組織図
XX事業部
　XX部
　XX部
　XX部

要員数と現状ギャップ
部長層　　XX人 XX人 －
課長層　　XX人 XX人 ▲X人
リーダー層 XX人 XX人 －
メンバー層 XX人 XX人 ▲X人

要員充足計画
・XX課長ポジションについては、内部充当が困難なため、中途採用を実施。その他の課長ポジションは内部充当を予定
・メンバー層は新卒採用でXX人、内部充当でXX人獲得する

となっても中途採用をしなければならない。その意味で、職務記述書は、事業戦略を実現するためのヒトへの投資の可否を決める重要なツールとしての機能が期待できる。

◎人員構成からの計画的採用

事業戦略ベースの要員計画は、特定の時点を切り取ったストックベースの捉え方となる。一方で、日本版ジョブ型においては、入口（新卒入社）から出口（定年退職）までのフローで捉えることも、同様に必要となる。

海外のジョブ型雇用では、年齢は関係ない。しかし、日本版ジョブ型では、定年年齢による一律雇用終了の仕組みが残る。会社全体の人員構成から、将来の要員確保リスクなどを予測し、中期的な採用方針や計画を立てていくことが必要となる（図表4-3）。

会社全体の人員構成は、事業要請によって大きく影響を受ける。好景気や需要拡大があれば、採用人数は増加し、不況に陥ると採用人数は絞

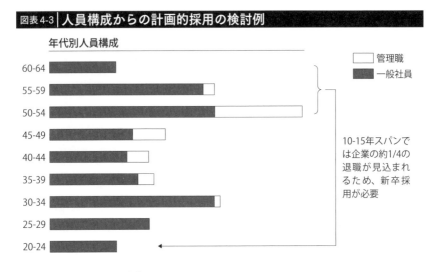

図表4-3 | 人員構成からの計画的採用の検討例

年代別人員構成

□ 管理職
■ 一般社員

60-64
55-59
50-54
45-49
40-44
35-39
30-34
25-29
20-24

10-15年スパンでは企業の約1/4の退職が見込まれるため、新卒採用が必要

出所：コーン・フェリー
※本分析は、複数のプロジェクトをもとにサニタイズしたものであり、特定個社のものではありません

られる。日本企業のなかには、バブル世代の大量入社や就職氷河期世代の採用絞り込み、アベノミクスによる好景気に伴う積極採用などの影響を受け、凸凹のある人員構成となっていることが多い。

このような人員構成の場合、特定の時点を切り取ったストックベースでは、うまく運営できているように見えても潜在的なリスクが存在する。将来時点で大量定年退職が一気に起こり、組織体制や業務オペレーションを維持できないリスクがある。また、ボリュームゾーンの世代が役職を独占し、次に続く世代に成長の糧となるマネジメント経験などがまわってこないことも起こる。このようなリスクを避けていくためには、様々な施策（役職定年、業務の標準化・集約や省力化、外部化等）の組み合わせによる対応をおこないつつ、望ましい人員構成に向けて計画的な採用をおこなわなければならない。

人員構成を起点として、中長期的に持続可能な人員構成とすることは、事業戦略ベースの要員計画とは別の観点で必要となる。特に、入口（新卒入社）から出口（定年退職）がフローとなる日本版ジョブ型では忘れてはならない重要な視点である。

◎新たな採用スタイルへのシフト──職種別採用、ダイレクトリクルーティング

ジョブ型人材マネジメントは、職務が基軸となる。日本版ジョブ型を導入する企業では、採用においても職務ベースに近づけていく企業が多い。個々の職務に合意したジョブ型雇用とまでは言えないものの、職務ベースのエッセンスを取り込んでいくものだ。

第1章で述べたように、職種別採用の広がりはその1つである。職種別採用をジョブ型雇用とする企業・識者もいるが正確ではない。ジョブ型雇用は、個々の職務を明確にし、職務単位で雇用契約を交わすことだ。職種別採用は職務ではなく、職種単位の大括りとなる。また、職種の括りのなかでは、会社が任命権を持って配置をすることが大半だ。日本の大学教育では、一部の特定専門領域を除き、学生の専門性が固まってお

らず、職務単位で志望を選択することが難しいことも影響している。メンバーシップ型雇用の特徴を残しつつ、求職者に職種の選択権を委ねており、職務のエッセンスを取り入れた採用スタイルといえよう。

　職種別採用が増えつつあるが、日本企業全体で広く一般化することは難しいだろう。そもそも、日本の大学教育は普通教育を前提としており、就業経験がない（少ない）学生からすると、入口時点で職種を意思決定するに足る経験に乏しい。研究開発など、特定領域を深く学んだ学生にとっては魅力的であっても、多くの学生にはそこまでの魅力がない。むしろ、将来のキャリアの選択肢を絞ることにつながりかねないため、敬遠する学生もいることだろう。また、ある程度の採用母集団がなければ職種別に採用はできないため、ブランド企業や大企業に限られる。これらのことから、職種別採用の普及は今後も限定的な範囲にとどまると思われる。

　企業が直接、求職者にアプローチをする採用手法であるダイレクトリクルーティングも新たな採用トレンドの1つといえる。ジョブ型においては、「職務適性の高い人材」を採用することが重要だ。一般的には、採用活動は求人サイトや人材紹介会社へ登録し、マスターゲットに対する認知度を高め、応募を待つことになる。しかし、ダイレクトリクルーティングでは、様々な人材プラットフォームを活用したスカウトやSNSを活用した人材発掘等を通して、企業が直接、絞り込んだターゲットに対してアプローチをおこなう。社員紹介によるリファラル紹介もダイレクトリクルーティングに含まれる。

　ダイレクトリクルーティングでは、個々の職務にあった実績・経験・能力のある人材に狙いを定めて採用することが可能となる。特に、専門性が高く、人材のミスマッチが多い職種においては、有効な採用手法といえる。今後、ジョブ型人材マネジメントが進むにつれ、ダイレクトリクルーティングを取り入れていく企業も増えていくだろう。

◎高度専門人材のジョブ型雇用

　日本版ジョブ型では、一部の高度専門人材は入口から切り離したジョブ型雇用となる。第2章で解説した日本版ジョブ型のなかでは、「離れ」と称した部分である。AIエンジニアに代表される高度専門人材は、高額な市場相場に合わせた処遇設定と特定領域の職務への配置を約束して雇用しなければ、獲得・定着が難しい。

　この高度専門人材は、会社全体からすると、例外的な取り扱いをするものである。その設置要否は、市場での人材獲得競争の度合いと事業戦略上の必要性によって決まる。市場に人材供給が少なく、需要が大きい職種では、人材の獲得競争が起こる。市場相場は高騰し、その相場に合った処遇が出せなければ、獲得や定着は望めない。事業戦略上、その職種の人材を社内に抱える必要があれば、特別な処遇を提供しなければならない。だからこそ、全体の人事制度とは切り離す必要があるのだ。

　高度専門人材は、新たなイノベーションが起こるたびに、増設される可能性がある。新たなイノベーションが起きると、需要は急速に高まるが、人材供給は追いつかない。人材獲得競争は激化し、企業は「離れ」を増設しなければならない。ただし、参入者が増え、専門教育が一般化していくと、市場獲得競争は緩やかになり、市場相場は下がってくる。そうなると、当該領域の高度専門人材の処遇水準も調整することが必要となる。市場高騰時の報酬水準に据え置いていると過剰投資となり、高コスト体質となる。また、適切な代謝がはかられなくなるため、市場相場に合わせた報酬調整が必要になるのだ。

　高度専門人材の取り扱いは、海外のジョブ型雇用・ジョブ型人材マネジメントに類似したものになるが、あくまでも「市場基準」であることを押さえておきたい。

人材配置・アサイメント

◎人材配置・アサイメントで押さえておくべきポイント

　ジョブ型人材マネジメントにおいて最も重要な機能の1つは、職務への人材配置・アサイメントである。誰をどこに配置するかによって、経営・事業戦略の成否を大きく分けるからだ。また、人材配置・アサイメントが処遇と直結するため、不透明・不公正な人材配置・アサイメントが横行するようになると、社員に不信感や不満が広がる。そのため、配置・アサイメントは日本版ジョブ型において、最重要の機能の1つと捉え、適切な体制・プロセスを構築して、公正に運用されることが必要となる。

　職務への人材配置・アサイメントが適切におこなわれるためには、以下に示す要件に留意する。

* 経営・事業戦略の実現に向けて、適切な組織・職務設計がされている
* 各職務に人員がきちんと配置されている（空きポジションになっていない）
* 各職務の遂行に足る適材が配置されている（適所適材となっている）
* 将来的な経営幹部の育成を織り込んだ人材配置がなされている
* 透明性・公平性のある意思決定プロセス・体制で人材配置が決まっている
* 社員本人のキャリア意向が反映され、社員のコミットメントとキャリア自立を引き出せている
* 社内人材が適切に活用されており、職務からあぶれる人材や職務へのミスマッチ人材がいない（少ない）

これまでも、人材配置・アサイメントは重要な要素であるため、部分的に触れてきた。しかし、日本版ジョブ型固有の難しさがあるため、改めてこれらの要件を振り返りも兼ねて、全体的に解説していく。

　まず、組織・職務は経営・事業戦略をもとに、適切に設計されていなければならない。そして、各職務にきちんと人員が配置されていることが絶対条件となる。適切に組織・職務が設計されていても、人員が配置されていなければ、その職務は機能せず、経営・事業戦略の実現はできなくなる。また、配置される人材は誰でもよいわけではない。職務遂行に足る人材でなければ、機能不全に陥ってしまう。

　海外のジョブ型雇用・ジョブ型人材マネジメントは、労働市場からの適材調達と職務ベースの雇用が前提であるため、シンプルだ。日本の労働市場では未だ流動性は低く、ピンポイントに適材調達はしにくい。また、企業には高い雇用の保全性が求められるため、社内人材の活用は欠かせない。会社が任命権を持って社内人材の活用を織り込みながら、社外からの人材調達も組み合わせて、組織・職務に適材を無駄なく配置していくことが必要となる。

　また、適所適材により、事業運営がスムーズにいけば、それでよいわけではない。中長期的な経営幹部人材の育成も人材配置・アサイメントに考慮しなければならない。適所適材が進んでいくと、キャリアの固定化・専門化が進んでいく。全社の舵取りをおこなっていく経営人材には大局的な視野が必要であり、特定の事業・機能の専門家では心もとない。そのため、経営幹部候補には、意図的に様々な事業・機能の経験を積ませねばならない。

　実際に、組織設計と人材配置のプロセスを適切に運営するためには、高い透明性・公平性が求められる。ジョブ型人事制度では、職務と処遇が密接に関わりを持つ。そのため、職務への任用・離任は大きな意味合いを持つようになる。職務への任用・離任が昇降格と近しい意味合いを持つからだ。これにより、組織設計や人材配置に歪みが生じ、本来の目的どおりに運用されないリスクも出てくる。組織責任者が、部下のモチ

ベーションアップのために無駄な組織を増設したり、温情的な任用をおこなったりするリスクだ。このような恣意的な運用が蔓延すると社員からの信頼感は損なわれ、社員を経営・事業戦略の達成に向けて動機づけられなくなる。そのため、透明性・公平性を担保するプロセス・体制が重要になってくる。

　日本版ジョブ型では会社が任命権を持って人事配置・アサイメントを主導する必要があると述べたが、社員の活性化の観点からは、会社主導の人材配置・アサイメントだけでは社員のコミットメントを引き出すことは難しい。社員が自分のキャリアに対して、自己効力感が持ちにくく、受け身的なキャリア観を醸成してしまうからだ。組織・職務に適材を行きわたらせるためには、会社が任命権を持つ人材配置・アサイメントは手放すことは難しい。社員にキャリアの自己効力感を持たせるには、ジョブポスティング（社内公募制度）の併用などの検討が必要だろう。

　そして、日本版ジョブ型の大きな問題は、社内人材プールの有効活用と活性化である。適所適材の人材配置・アサイメントは、あくまでも事業・組織ニーズ起点である。一方で、高い雇用の保全性が求められるため、適所からあぶれる人が出てくる。特に役職定年制度がある企業では、ミスマッチも多く出るだろう。このミスマッチを放置しておくと、職場に不満が蔓延するので、減らしていくための仕組みが必要となる。

　これが、日本版ジョブ型における人材配置・アサイメントに関連した要件である。日本社会・企業特有の問題や要件間の重なり合いや相反があるため、わかりにくい点もあるだろうが、まずは構造的に理解しておきたい。

　そのうえで、以下の4つが日本版ジョブ型において、押さえておきたいポイントである。

- 組織設計・任用のガバナンス
- 自立的なキャリア形成を促す社内公募制度（ジョブポスティング）
- 人材アセスメントと後継人材育成計画（サクセッションプラン）

◆ 職務と人材のマッチングの強化

◎組織設計・任用のガバナンス

　組織設計と任用は、全社的にガバナンスが効くようにしなければならない。その理由は大きく2つあり、組織・職務設計と任用を適切なものに保つことと、優先度に応じた人材配置を実現させるためである。

　従来は、組織設計や任用は部門が権限を持ち、昇格は人事部門が権限を持つことが多かった。しかし、ジョブ型人事制度では、職務と処遇が密接に関わるようになり、職務への任用・離任が昇降格と類似した意味を持つようになる。従来の延長線上で各部門が組織設計や任用の権限を持ったままでいると、部門への権限の集中が起こる。

　また、組織設計や任用は、各部門責任者の意向が強く反映される。組織構造は階層型・フラット型のどちらにするか、組織編成はベテラン中心で堅実な布陣とするか、積極的に若手・中堅を登用するか等である。これらは各部門責任者が組織を率いていくうえで重要な要素であり、大切にすべき意向といえよう。

　ただし、組織責任者もヒトであり、部下への温情的配慮などを完全に遠ざけることは難しい。たとえ恣意的な意図がなかったとしても、結果としての人材配置から、社員が誤った認識をするリスクは十分にある。そこで、各部門責任者の意向を反映しつつ、透明性・公平性が担保できる体制・プロセスが必要になる。

　任用には、将来の経営幹部の任用も考慮する必要がある。各部門の任用案は、基本的には部門内登用が中心となる。一方で、会社全体としては、経営幹部候補を意図的に良質な経験を積める職務へ配置しなければならない。そのため、各部門の任用案に「割り込み」をかけられる体制・プロセスが必要となる。

　これらを実現するためには、組織設計・任用について、起案と意思決定に権限を分けなければならない。具体的には、各部門が起案をおこない、本社機能（人事委員会等）が意思決定を担う体制等である。起案を各

部門に委ねることで、各部門の事業戦略や組織責任者の意向が反映できるようにする。その組織案・任用案の意思決定を本社機能（人事委員会等）が担うことで統制をかけていく（図表4-4）。

このような体制に移行すると、組織設計・任用にも制約ができることとなる。本社機能（人事委員会等）での承認が必要になるため、頻繁な組織変更・配置転換などはおこないにくくなる。日本版ジョブ型を導入する企業では、大きな組織変更や人事異動などは、ある程度、時期を集約する企業が多い。それは、組織変更や人事異動への制約の増加による実務的な理由もある。しかし、それだけではない。日本版ジョブ型を導入し、個々の職務の成果責任を明らかにすることは、中長期的な期待・責任を個々の職務に織り込むことである。1つ1つの職務の中期的な期待・責任に向き合うからこそ、組織変更・人事異動のスパンも自然と中期的になる。

また、各部門が起案する組織設計・任用案のクオリティも大きなポイントになる。日本版ジョブ型を導入する企業では、人事部門のビジネス

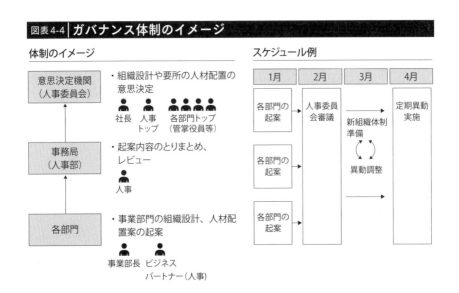

図表4-4 ガバナンス体制のイメージ

パートナー機能を強化し、各部門への組織・人事面での参謀機能を強化する企業も多い。前述のとおり、組織設計や任用には、組織責任者の意向が強く反映される。しかし、組織責任者の過去の経験則に基づくことも多い。組織・人事に関するセオリーやリテラシーが十分にないなかで、大胆な組織設計・任用をおこない、大混乱や停滞に陥ることも少なくない。

　特に、ジョブ型人事制度は、任用が個々の処遇にも直結するため影響も大きく、組織設計や任用のミスジャッジが不信感の蔓延やエース人材の流出につながりかねない。だからこそ、人事部門の各部門に対する組織・人事面での参謀機能強化が重要になるのである。コーン・フェリーがおこなった実態調査においても、「経営陣と現場責任者の理解不足」が最も大きな課題にあがっており、組織・人事に関する支援の重要性は多くの企業が課題認識しているといえる（図表4-5）。

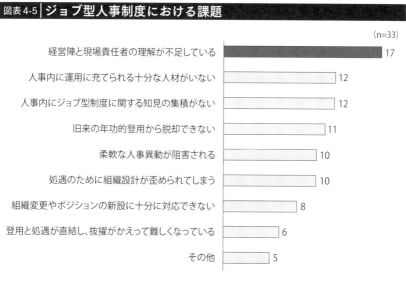

図表4-5｜ジョブ型人事制度における課題

(n=33)

課題	数値
経営陣と現場責任者の理解が不足している	17
人事内に運用に充てられる十分な人材がいない	12
人事内にジョブ型制度に関する知見の集積がない	12
旧来の年功的登用から脱却できない	11
柔軟な人事異動が阻害される	10
処遇のために組織設計が歪められてしまう	10
組織変更やポジションの新設に十分に対応できない	8
登用と処遇が直結し、抜擢がかえって難しくなっている	6
その他	5

出所：コーン・フェリー ジョブ型雇用・人事制度の実態調査（2021年）

◎自立的なキャリア形成を促すジョブポスティング

　日本版ジョブ型では、会社が任用権を持って主導する人材配置は欠かせない。しかし、それだけで社員のコミットメントを引き出すことは難しい。社員自らが職務を自己選択する余地を持つことが重要といえるが、その選択肢の1つが会社が任命権を手放す仕組みでもあるジョブポスティング（社内公募制度）である。

　第2章でも解説したジョブポスティングは、会社が職務機会を公募し、社員の応募と会社選考により、人材配置を決定する仕組みである。

　ジョブポスティングをおこなったものの応募者が少なく、盛り上がることなく、制度がいつの間にかなくなっている日本企業も多い。しかし、これは必ずしも社員だけの責任ではない。長年にわたり、任命権を持って、社員のキャリア自立の機会を与えてこなかった企業にも責任はある。ジョブポスティングの制度ができたからといって、ただちに社員の意識が変わるわけではない。会社も地道に社員のキャリア自立を促す取り組みをしていかねばならないのだ。

　これをうまく機能させるには、次の3つがポイントになる。

- ◆ キャリア自立を啓蒙するキャリア教育
- ◆ 魅力的な職務の公募とロールモデルの輩出
- ◆ 機密性の担保

　まずは、全社的なキャリア啓蒙教育である。トップマネジメントや人事責任者から、キャリア自立に対するメッセージや重要性を繰り返し発信することだ。なぜ、キャリア自立が必要なのか、社員にどのようなキャリア自立を求めているかなどを徹底して伝えていく。また、キャリア構築のための研修や自己啓発支援をおこない、会社としてバックアップをしていく。このように本腰を入れて、会社が社員のキャリア自立をバックアップする姿勢を見せて、環境を整えていくことが重要である。

　残念ながら、これまで多くの日本企業は任命権を持って社員のキャリ

ア自立機会を与えてこなかったため、キャリア自立についてはマイナスからのスタートである。会社は、自己選択の機会提供だけではなく、社員が安心して機会獲得に手を伸ばせる風土をつくらなければならない。だからこそ、キャリア啓蒙教育と環境提供が重要となる。

また、公募する職務は当然ながら魅力的なものでなければならない。新規事業開発やソリューション開発、責任者ポジションや大規模なプロジェクトリードなど、社員の応募意欲を喚起する職務も含まれていることが重要である。実際に優秀な若手社員が抜擢されたといった成功例をつくり、露出していくことも効果的だ。ジョブポスティングは自身のキャリアアップにつなげられるチャンスがあると認識されなければならないのだ。

社員側には「上司や周囲に応募を知られたくない」という心理がどうしても働く。きちんと機密性を担保するプロセスとし、時間をかけて、社員から機密性の担保に対する信頼を勝ちとるしかない。具体的には、ジョブポスティングの応募は機密情報とし、募集部門と人事部門以外には情報アクセスができないようにして、現所属部門は合格後にはじめて通知されるようにする。現所属部門には拒否権はなく、引継ぎ期間を設け、スムーズに異動を完了させる。このプロセスが当たり前のように行われるようになってはじめて社員側は機密性に対する不安感がなくなる。

いずれにしても、自立的なキャリア形成を根付かせることは、組織文化を変えるようなものであり、ジョブポスティングの仕組みをつくったからといって、すぐに変わるものではない。地道な継続が必要であることは留意しておきたい。

◎人材アセスメントと後継人材育成

適所適材をおこなおうとすると、適所（職務）と適材（ヒト）の両方の情報が必要になる。適所情報は、職務記述書にあたる。職務に求められる成果責任や人材要件等が該当情報となる。一方で、ヒトそのものの情報がなければ、マッチングはできない。ヒトの情報を把握・理解するた

めの方法の1つがアセスメントだ。アセスメントは、対象者（ヒト）の能力や特性を診断し、将来予測をおこなうことである。仮想設定のもとでのシミュレーションやインタビュー、多面評価観察等をおこない、対象者（ヒト）の能力や特性を明らかにしていく。

　職務とヒトの両方の情報を突き合わせることで、適合度をはかることができる。コーン・フェリーの調査では、職務適性に合った人材を配置すると、職務適性に合わない人材を配置するよりも、最大13倍の意欲レベルの差が出ることがわかっている。職務適性に合った人材は、総じて職務の満足度が高く、高揚感を覚え、職務遂行に対して献身と努力を惜しまない特徴が見られた。これは、ある意味、当然といえる。自分に合った職務であれば、寝食を忘れて没頭するようなことも珍しくない。

　一方で、自分に合わない職務だと、ミスを連発したり、フラストレーションが溜まったりする。企業側としても、職務適性に合ったヒトを配置することが、人事戦略のなかで重要な位置づけとなってくる。

　適所適材をはかっていくためには、人材情報の蓄積が欠かせない。これには、各社員の経験やスキル、アセスメントデータなどを収集・更新し、人材データベースを構築することが有効だ。個々の職務へ任用する際の大きな判断材料となるとともに、人材発掘の手法としても活用可能となる。

　後継人材育成計画（サクセッションプラン）は、より中長期的なスパンで組織的に経営人材を供給するための仕組みだ。将来の経営幹部を安定的に育成・供給することが狙いである。具体的には、経営幹部候補人材のプールをつくり、意図的に「将来の経営の担い手として良質な経験となる職務」に任用していく。例えば、事業責任者や海外現地法人責任者、子会社の再生や閉鎖、経営企画や事業企画などがあげられる。

　日本版ジョブ型へシフトすると、個々のキャリアの専門化・固定化は進んでいくため、あえて経営幹部候補には良質な経験を積めるように異動をおこなう必要がある。基本的には本人の能力を伸ばすためのストレッチした配置を目的とするため、異動によって職務等級が下がること

は想定しにくい。例えば、子会社の再生のために、事業・組織規模の小さな組織へ異動したとしても、「再生」ならではの課題の難しさや求められる視座の高さ、与えられる権限の大きさなどを適正に評価する必要がある。基本的には、特命部分も含めて職務規模が上がり、良質な経験を積めるような職務への配置を前提とすると捉えるとよいだろう。

　後継人材育成計画は、逆算をもとに人材供給を計画的に組むものだ。例えば、50代前半の経営陣をつくるためには、40代には事業責任を担っていなければならない。そのためには、30代半ばには部長の経験が必要となる。このような大まかな人材供給の目安を仮説として立てる。そのうえで、層別の人材プールを形成し、本社主導で政策的な人材配置をおこなっていく（図表4-6）。

　職務機会は、会社・社員の双方にとって、貴重な資産といえる。特にジョブ型人事制度では職務価値がおこなわれるため、資産価値も明確である。貴重な資産を、現在と将来にどのように振り分けるかを考える必要がある。後継人材育成計画は、一定分を将来に振り分けていくことで、安定的な経営人材供給を実現しようとするものだと捉えるとよいだろう。

図表4-6｜後継人材育成計画（サクセッションプラン）

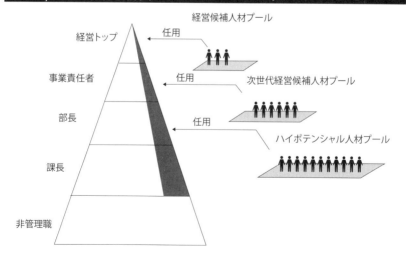

経営候補人材プール

経営トップ　任用

事業責任者　任用　次世代経営候補人材プール

部長　任用

課長　ハイポテンシャル人材プール

非管理職

◎職務と人材のマッチングの強化

　ジョブ型人材マネジメントでは、職務起点での適所適材を目指すものだ。しかし、日本版ジョブ型では、高い雇用の保全性が求められる。そのため、雇用確保を約束した人材プールとなる。一方で、職務（席）の数は決まっているため、誰もが望む職務につけるわけではない。職務と人材のミスマッチは、日本版ジョブ型では避けることができない。ただし、ミスマッチをできるだけ減らしていくことが、企業の活性化のためには重要である。そこで、ミスマッチを減らすための仕組みが必要になる。

　職務と人材のマッチングは、対象ごとに大きく次の2つに分かれる。

- ◆ 全社員対象：キャリアアップ促進のためのマッチング
- ◆ 離任者（役職定年）対象：意欲減退を防ぐためのマッチング

1. 全社員対象：キャリアアップ促進のためのマッチング

　日本版ジョブ型は、会社が任用権を持って人材配置をおこない、組織や職務に人員を行きわたらせていく。ただし、社員の意向が完全に反映しきれるわけではない。そのため、個々の社員のキャリア意向を汲みあげていく仕組みが必要となる。先述したジョブポスティングはその仕組みの1つである。ジョブポスティングは、会社から職務機会をオープンに提示し、社員の応募を直接的に募るものだ。

　そして、もう1つの選択肢が「キャリア登録制度」である。

　キャリア登録制度とは、社員が自主的に将来のキャリア希望を登録する仕組みである。現職場への継続勤務希望の有無や職種・勤務地転換の希望などのキャリア意向を登録させ、可視化するものである。ジョブポスティングがオープンに職務機会を募るものとすると、キャリア登録制度はクローズに人材を発掘する仕組みである。会社が任用権を持って特定の職務の人材配置をおこなうにあたり、その職務を希望する社員を検索し、発見するものであり、社内スカウトのようなものだ。

ジョブポスティングは本人の応募をトリガーとするが、キャリア登録制度は登録内容に基づき、募集部門が人材検索をかけることがトリガーとなる。募集部門・人事部門・本人の三者で選考がクローズにおこなわれ、相互の合意が得られれば配置転換が決まる。現所属部門は、配置転換が決定してはじめて通知される。入口は違うが、実際のプロセスはジョブポスティングとほぼ同様である。

ジョブポスティングやキャリア登録制度は、社内転職ともいえる仕組みだ。社内転職の選択肢を提示することにより、会社主導の人材配置を補完し、個人のキャリア自立を促すことができる。社員本人のキャリア意志をいかに汲み取っていけるかが、ポイントになる。

2. 離任者（役職定年）対象：意欲減退を防ぐためのマッチング

日本版ジョブ型では新陳代謝を考えなければならず、年齢で一律的に役職を離任させる役職定年制度も重要な選択肢の1つになる。第3章で解説したが、役職定年制度自体はジョブ型とは相容れない部分があるものの、入口（新卒一括採用）と出口（定年）が決まっている日本版ジョブ型では、企業の人員構成や滞留状況によっては役職定年を講じざるを得ない場合も多いだろう。実際に経団連の調査では、回答企業の約45%近くが役職定年制度を導入している。一方で、廃止した企業も約18%あるのも特徴的である。廃止した企業は、「年齢にかかわらず意欲・能力のある人材に管理職として活躍してもらうこと」を最も大きな理由にあげている。

高齢・障害・求職者雇用支援機構がおこなった調査では、①次世代の人材育成の視点から"必要性を感じている"と回答した企業は約72%、②自分自身のキャリアを考えてもらうための視点から"必要性を感じている"と回答した企業は約68%を占めていた。これらの結果を見ると、役職定年制度の是非には揺れがあるものの、一定の必要性を認める企業が多いといえる（図表4-7）。

年齢によって一律的に役職を離任させる役職定年制度はつまるところ、

図表4-7 役職定年制度の動向

役職定年制度の導入状況

(n=120)

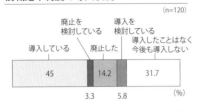

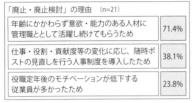

「廃止・廃止検討」の理由 （n=21）	
年齢にかかわらず意欲・能力のある人材に管理職として活躍し続けてもらうため	71.4%
仕事・役割・貢献度等の変化に応じ、随時ポストの見直しを行う人事制度を導入したため	38.1%
役職定年後のモチベーションが低下する従業員が多かったため	23.8%

出所：一般社団法人日本経済団体連合会「中高齢従業員の活躍推進に関するアンケート調査」(2015年9月)

役職定年制度の必要性

(n=3355)

〈次世代人材育成の視点からの必要性〉

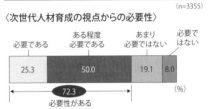

〈自分自身の職業生活（キャリア）を考えてもらう視点からの必要性〉

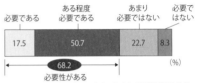

出所：独立行政法人高齢・障害・求職者支援機構「高齢化時代における企業の45歳以降社員のキャリア形成と支援に関するアンケート調査」(2019年9月)

「誰のモチベーションを大事にするか」につきる。役職定年により職務から離任する高齢役職者の動機づけと、キャリア機会が与えられる次世代の若手・中堅への動機づけのどちらを大事にするかだ。今後の高齢者雇用の確保要請の強まりを考慮すると、役職定年制度の導入も重要な選択肢の1つだろう。

　役職定年をおこなう際に最も苦労する点の1つは、役職定年後に従事する職務である。本来的には、役職経験を活かした職務に従事するのが望ましい。例えば、後任の役職者の補佐や、部門横断的なイニシアティブの推進などである。しかし実際のところは、役職定年後の役割は限定的な範囲にとどまっている。高齢・障害・求職者雇用支援機構がおこなった調査では、「後進の技術・技能への伝承」「通常業務の遂行」が主要な役割となっている（図表4-8）。

　「後進の技術・技能への伝承」は、長年培った技術・技能を活かした職務といえる。しかし、このような職務の必要数は限られている。今後、雇用の長期化と社内の高齢化が進んでいくと、これらに従事する役職定

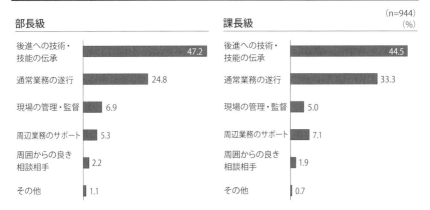

出所：独立行政法人高齢・障害・求職者支援機構「高齢化時代における企業の45歳以降正社員のキャリア形成と支援に関する
アンケート調査」（2019年9月）

年者も絞られてくるだろう。

　多くは、「通常業務の遂行」となる。プレイングマネージャーとして、
プレイヤー部分を持っていた役職者はプレイヤーとしても十分活躍可能
であろうが、マネジメントに長年従事してきた役職者はプレイヤーとし
て必要なスキル・技能は既に陳腐化している可能性が高い。かつて従事
した職務であっても、スキル・技能のミスマッチは往々にして起こる。
思うように上がらない成果や周囲の反応も相まって、動機の減退はしや
すくなる。

　かつては、役職定年から退職までは限られた期間であった。多くの企
業の役職定年は55歳、定年年齢は60歳と、退職までは5年だった。そ
のため、多少のミスマッチも会社・本人の双方が受け入れることが比較
的容易であった。しかし、就労期間の長期化は進み、65歳あるいは70
歳まで働くことが求められるようになってきている。役職定年後、10
〜15年の長期にわたって働くこととなるのだ。かつては役職定年者数
も少なかったが、雇用の長期化に合わせて、そのボリュームも増える一
方となる。会社としても、役職定年者のミスマッチや動機の減退は無視

できない大きな課題といえよう。

　役職定年者をうまく活かしていくためには、大きく3つの方策がある。

- 社内の受け入れ可能な職務機会を棚卸しし、マッチングをはかる
- 役職定年以前からキャリア教育をおこない、必要なスキル獲得（リスキル）を促す（キャリア育成）
- 社外の選択肢を提示し、後押しをすることで活躍の幅を広げる（適正代謝）

　簡単にいえば、社内マッチングの促進とキャリア教育・適正代謝である。キャリア教育と適正代謝については、次項以降で取り扱うため、ここでは社内マッチングについて解説する。

　社内マッチングの促進とは、よりアクティブに本人のスキル・経験や意向に沿った職務のマッチングをおこなうことである。役職定年後の職務は、多くの場合、役職定年前の職場を前提に配置が検討される。直近の経験が最も活きる職場だからだ。しかし、探してみると、会社内には様々な役職定年者の活躍余地はある。例えば、シニア向けの商品・サービス開発や豊富な社内外人脈を活用したチャネル開発などだ。海外子会社や関連会社の技術指導やマネジメントとしての職務もあり得る。顧客相談室やカスタマーサクセスなどでは、長年のサービス・製品知識が活きる可能性も高い。また、フルタイムではない雇用形態でベテラン社員を受け入れたいというニーズもあるだろう。

　人事部門は、役職定年社員の進路となり得る職務機会を積極的に収集し、役職定年者のスキル・経験や意向が活きるマッチングをリードすることが望ましい。そして、日本版ジョブ型の観点では、役職定年後に従事する職務の職務価値ベースで評価や処遇を決めることが大原則となる。人事部門は人材紹介所のような機能を持ち、社員に様々な職務機会を提示できるとよいだろう。もちろん、現職場での継続勤務も選択肢の1つである。それらの職務機会ごとに職務価値相応の評価・処遇がセットに

なっており、社員は自分の意志で役職定年後のキャリア選択ができることが理想といえる。

人材育成

◎キャリア教育の考え方

　日本版ジョブ型では、キャリア教育のあり方も大きなポイントとなる。本書でもキャリア教育については何度か触れてきたが、ジョブ型では各人が担当職務についてのプロフェッショナルであることが求められる。また、配置転換や昇格などの判断基準は、「職務を遂行するに足る実績・経験あるいは能力がある」ことが大前提となる。そのため、社員1人ひとりが、自分のキャリア展望を考え、次のキャリアの一歩のために準備をする自立性が必要になってくる。

　日本版ジョブ型で必要な教育メニューの1つが、カフェテリア型の育成メニューだ。ジョブ型人材マネジメントの基本は適所適材であり、実績・経験や職務に必要な能力・スキルを持つことが人材配置のポイントとなる。職務記述書の一般公開やジョブポスティングは、職務に必要な要件を明らかにしたり、自主的な応募機会を提供したりする仕組みだ。社員は、自身のキャリア形成のためには、次のステップに向けた能力・スキル開発の準備が重要となる。カフェテリア型の育成メニューは、多様な社員のキャリア形成の選択肢に対応し、学ぶ意欲のある自主性のある社員に対して機会を提供するものである。

　しかし、本章のジョブポスティングの項でも触れたが、カフェテリア型メニューを準備するだけでは十分とはいえない。社員が必要性を感じなければ、カフェテリア型メニューの活用頻度は低いままとなりかねない。社員のキャリア意識を引き上げるのは、会社主導のキャリア啓蒙教育だ。経営トップや人事責任者がキャリア自立に対して継続的にメッセージを発していくことに合わせ、体系化されたキャリア研修などを提供し、社員に「気づき」の機会を付与していくことだ。

◎「定年」「役職定年」への対応

　キャリア研修の体系化にあたっては、日本版ジョブ型では年代別にキャリア教育を組んでいくことが有効である。それは、「定年」という年齢による雇用終了に向かって、再雇用・役職定年が組まれているとともに、社外労働市場では年齢も転職の難易度に影響があるからだ。

　55歳で役職定年が設定されている場合には、55歳以前に役職定年後の準備をしておかねばならない。前項で解説したように、今後、高齢化が進むにつれ、役職定年者を含めた高齢社員は増えていく。各人の持つスキル・経験・ネットワークが効果的に活きるマッチングをおこなうことは重要であるが、個々人にその準備を促さなければならない。従来の延長線の職務に従事するか、関連会社や他社での機会を求めるか、あるいは副業・シニア起業などを組み合わせていくか、といった幅広い選択肢のなかから選択できることが望ましい。また、介護や体力・気力の低下などを含めて、どのようなワークスタイルを選択するかも重要な要素である。

　一方で、年齢を重ねるごとに、社外での就労機会が絞られてくるのも事実である。昨今では、40代以上の中高年の採用も増えてきたが、50代後半や60代になると、就労機会自体がだいぶ絞られてくる。キャリアも後半になればなるほど、選択肢が狭まっていくのだ。

　日本版ジョブ型では、定年制度という年齢による雇用解消を念頭に、10年スパンでキャリアを捉える機会を持つとよいだろう。会社の立場からすると、社員にキャリアを考える機会を与え、リスキルやマッチング、社外転出等と組み合わせ、社員が充実した後半期のキャリアを送ることを支援する。役職定年の10年くらい前から、後半期のキャリアプランやライフプランに対する気づきの機会を与え、どのように後半期のキャリアを送るかを個々人に促すとともに、早い段階から能力開発や転進機会を提供していくのだ。社員の立場からすると、10年スパンごとで、自分のキャリアの棚卸しをおこないながら、どのようなキャリアを歩むかを自己選択していくことが重要である（図表4-9）。

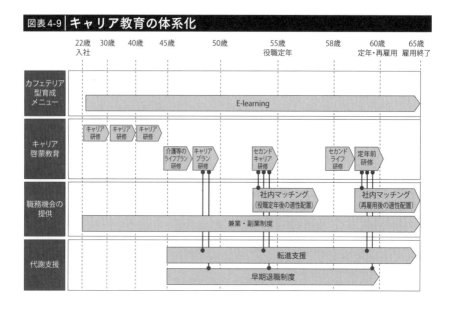

図表4-9 キャリア教育の体系化

これまでキャリア教育にあまり積極的ではなかった日本企業も多い。会社が任命権を持って主導する人事異動が中心であり、個々人のキャリア意識はそこまで重要視されてこなかった。しかし、特に後半期の社員には、キャリア意識の喚起が重要である。役職定年や処遇引き下げ、希望に沿わない職務への配置なども起こり得る。長年の経験や知識が活きない職務について、会社に不満を覚えながら勤め続けるシニア社員も出てくる。これは、会社・社員の双方にとって望ましい姿ではない。

こうしたことを勘案して、会社は早めにキャリア啓蒙活動をおこない、社内外での活躍できる環境を整え、社員の充実した後半期のキャリア支援をおこなうことが求められる。定年を前提とした日本版ジョブ型では、キャリア教育を投資と考えて十分に講じていくことが、会社の活性化のためには重要となるはずだ。

代謝

◎ 適正代謝の 2 つの方法

日本版ジョブ型では、メンバーシップ型雇用が前提であり、雇用の保全性が高く求められる。一方で、ジョブ型の人材マネジメントでは、職務とヒトの需給ギャップが往々にして起こり得る。職務のミスマッチや余剰人員を抱えるリスクが常に存在するということだ。

そのため、会社は自然代謝に委ねるのではなく、適正代謝が起こるようにする必要がある。解雇という強制代謝ではなく、社員本人の意志による適正代謝である。この方法には、主に次の2つがある。

- PIP（業務改善計画）
- 希望退職支援制度

この2つは、コミュニケーションの強弱に違いがある。PIP（業務改善計画）は、会社が社員に改善を突きつけるものであり、かなり強いメッセージが含まれる。一方で、希望退職支援制度は、状況や使い方によってメッセージの強弱には大きな振れ幅が出てくる。

1. PIP（業務改善計画）

PIP は Performance Important Plan の略であり、期待される成果と実績のギャップを明らかにし、フィードバックと改善指導をおこなうことである。外資系企業ではよく活用されている手法だ。日本では、外資系企業であっても日本の労働法のもとでの雇用となるので、雇用解消は簡単にはできない。PIP はどのような意味を持つかというと、「期待に届いていない」ことを明示することにある。白黒をはっきりさせ、今後の進退を会社・本人の間で話し合うものである。

具体的には、職務で十分に成果を発揮しておらず、そのままでは成果達成が見込めない場合、PIPの対象となる。PIPの対象となると、上司と本人の間で、どのようなギャップが存在し、どのように埋めていくかについての改善計画を立てる。勤務態度の改善やとるべきアクション、能力開発などについて、相互に期限を決めて合意していくのである。上司は指導とモニタリングをおこない、決められた期限内に改善がはかられているかを確認する。改善され、職務で十分に成果を発揮できるようになれば、PIPの対象から外れることになる。十分な改善がなされない場合には、その職務を遂行することが困難と判断され、別の職務に移るか、社外への転出をするか、キャリアに対する話し合いがなされる。

　日本社会の場合、PIPをおこなったとしても、会社が一方的に雇用解消できるものではない。実際に、PIPをおこなった後に目標が達成できなかったことを理由に自宅待機を命じて解雇をおこなった外資系企業は不当解雇と見なされ、解雇が無効となった判例も存在する。仮に、PIPの効果が現れなかった場合、会社としては社内の別の職務機会や社外転出の支援という選択肢を提示し、本人の意志に委ねる。社内の別の職務機会の提示の場合、本人が遂行可能な相応の職務を提示することが一般的だ。社外転出の支援の場合だと、退職加算金や転進支援サービスの補助を提示することが多い。これにより、会社・社員の双方にとっての望ましいキャリア選択を擦り合わせていく。

2. 希望退職支援制度

　早期退職制度は、「短期的制度」と「恒常的制度」の2つのパターンがある。短期的制度は、緊急性が高いときにおこなうものである。会社が経営危機に瀕しており、緊急的に人員数を絞らなければならない場合などが典型例である。また、ジョブ型人事制度の導入や組織の大幅な構造改革などの、大きな会社方針の変更に伴い実施することもある。会社の方針・方向性や人事ポリシーが変わるため、社員側にもキャリアの選択肢を提示するようなケースである。基本的には、応募期間を区切り、

会社から退職加算金や転進支援サービスを提示し、早期決着をはかる。

　短期的制度では、その目的や緊急度によって、どの程度、応募をコントロールするかが決まってくる。全くコントロールしない場合には、退職加算金や転職支援サービス等の応募条件などを公示して、応募を基本的に全て受け付けることとなる。社員に対して、純粋にキャリアの選択肢を提供して、自主的な意志を重視する。この場合、応募は社員の意志によるものであるため、想定外に多い応募者や優秀な人材の流出も同時に覚悟しなければならない。

　応募をコントロールする場合は、定着や代謝対象をある程度、見据えておこなうこととなる。応募条件に「応募は会社が認めた者に限る」と付け加えたり、個別のコミュニケーションを設定し、対象者ごとにコミュニケーションの強弱をつけたりすることとなる。定着対象には会社の期待を伝えることや、代謝対象にはPIPと同じく、期待と実態のギャップを伝え、今後の進退について話し合いをおこなう。

　短期的制度は、良好な組織風土を毀損させるリスクが大きい。経営への不信や、職場の業務負荷向上に対する不満、仲の良い同僚の退職への感傷的な気持ちなど、混沌とした感情が職場内に蔓延することがある。特に、日本企業は組織の一員として長期雇用を前提としており、雇用保全に対する社員の期待も高い。だからこそ、慎重かつ丁寧にコミュニケーションを行っていくことが重要である。

　一方、恒常的制度では、一定年齢や一定勤続年数に到達することで、退職加算金や転職支援サービス等の適用対象とする制度である。これがうまく機能するかどうかは使い方次第である。本来、この制度が期待するところは、会社で活躍困難な人材が社外への活躍の場を求めていくことにある。しかし、特段の工夫をおこなわずにそのまま制度を運用しているだけでは、期待どおりの結果にならないことが多い。本来は社内に定着してもらいたいエース社員が続々と本制度を活用して転職してしまう一方で、代謝対象候補である不活性社員は制度に見向きもしないといったことが往々にして起こる。

こうした事態を回避するには、評価やフィードバックのコミュニケーションをきちんとおこなうことである。定着してほしい優秀な社員に対しては、高評価を与えるだけではなく、将来的な期待をきちんと伝えることだ。特に、日本版ジョブ型では上位職務に空きがない場合、次のキャリアの展望が本人にはイメージしにくい。中長期的な視点から、キャリア上の目標となり得る職務を示し、組織的に能力開発やコーチングの機会を与えていくことが重要だ。

　一方で、代謝対象候補である不活性社員に対しては、厳しい評価やフィードバックが欠かせない。いかに期待とギャップがあるかを伝え、その改善やキャリア展望についての共通認識を持つことだ。筆者が企業再生や人員削減に関わる際に、代謝対象となる社員に厳しい評価がなされていないことに驚かされることが意外に多い。本当は低い評価をつけたいが、職場の雰囲気が悪くなるため、標準（あるいは標準より少し下）という評価を続けてきたというケースだ。これでは、本人に改善に向けた"気づき"は与えられず、適正代謝はおこなわれない。マネジメントが正しく評価し、きちんと本人に現状や課題を伝えていくことが何より重要である。

　また、恒常的制度をうまく機能させていくためには、他の人事施策との相乗効果を狙って設計することが望ましい。これについては本章のキャリア啓蒙教育のパートでも触れたが、キャリアの節目ごとにキャリアに対して考える機会や情報提供をおこない、社内外のキャリアの選択肢を個人に意識づけすることだ。特に、日本企業においてはこれまで会社が任命権を持って配置転換を繰り返す人事運用をおこなってきた。そのため、日本人ビジネスパーソンは自身のキャリアに対して自己効力感が低く、どこか「会社任せのキャリア」が染みついてしまっている。社員に自立的なキャリアを望むのであれば、相応の投資が必要となる。

　代謝は、決して愉快なテーマではない。しかし、日本版ジョブ型では、職務とヒトの需給ギャップは避けられない課題である。また、社会的に高齢者雇用への要請が高まるとともに、その需給ギャップは大きくなる

可能性は高い。会社や職務に不満足なまま勤め続ける社員が多いということは、会社と社員の双方にとって残念なことである。ジョブ型とは、つまるところ、職務（≒仕事）を通じた市場取引を社内に持ち込むことである。特に日本企業には雇用確保義務が残るため、代謝にもきちんと向き合い、健全な適正代謝をおこなうことが会社全体の持続的な成長につながることになろう。

　本章は、日本版ジョブ型における人材マネジメントのあり方について、解説をおこなってきた。ジョブ型を取り入れていくのであれば、基幹人事制度だけではなく、人材マネジメントも含めて、人事戦略全体を見直す必要があるだろう。次章ではそうしたことも含め、具体的な企業事例を紹介する。

第**5**章

2 社のケースススタディ

組織体質強化策としての制度導入

住友ゴム工業

◎重要な経営テーマとしての風土変革「Be the Change」

　住友ゴム工業（以下、住友ゴム）は1909年に創業し、タイヤ事業をはじめとして、スポーツ事業・産業品事業を中心とした事業展開をおこなっている。「高機能商品の開発」「新たな価値の創出」「ESG経営の推進」をバリュードライバーとし、企業の経済的価値・社会的価値の向上を目指して、2020年に中期経営計画を策定した。そこには、モビリティ社会に対応したタイヤ開発、スマートファクトリー実現に向けた新生産システムの構築、医療用精密ゴム部品の拡販、ゴルフ・テニス等の独自技術を活用した商品開発等、様々なテーマへの挑戦が示された。

　これを支えていくのが、全社プロジェクト「Be the Change」だ。「Be the Change」は社長直轄のプロジェクトであり、助走期間として組織体質の強化活動の推進からスタートさせている。この期間に実行力・やり切る力をつけ、成長の壁を打破できる地固めをおこない、次のステップとして利益創出の活動を目指す。住友ゴムにおける人事制度改革は、この「Be the Change」の核となる戦略の1つと位置づけられている。

　住友ゴムでは、管理職約800名を対象として2021年4月にジョブ型人事制度を導入した。その背景には、組織の活性化に対する大きな課題意識があった。同社では2008年以降、2年ごとに組織の定期健康診断として、従業員アンケートをおこなってきた。近年は若手社員を中心に「将来性（従業員にとっての魅力）」に対するスコアが低下傾向にあり、若手社員の離職なども問題視されるようになっていた。そこで、従業員アンケートのフリーコメントの分析や深掘り調査をおこなったことで、様々な問題点が明らかになった。

　そこからは、管理職の仕事の任せ方や接し方に対する不満、評価・処

遇への納得感のなさ、キャリアに対する漠然とした不安感などが見えてきた。特に、年功的な人事処遇に対する不満は大きく、成果・実力に見合った公正な処遇を望む社員の声も多かった。これらの定量・定性的情報をもとに、役員合宿で徹底的に討議をおこない、以下の3つが全社として取り組むべき課題として合意された。

1. ラインマネジメントのリーダーシップの強化
2. 人材把握と計画的育成・活用の仕組みづくり
3. 仕事基準（職務・役割）の人事制度の構築

　会社が中長期的な成長をおこなうためには、マネジメント改革と風土改革が必要不可欠であり、その基盤となる仕組みが仕事基準のジョブ型人事制度というわけだ。

◎マネジメントとスペシャリストに分化した等級制度

　同社では「役割等級制度」と呼んでいるが、職務価値の大きさによって等級格付けをおこなう職務等級制度を採用している。特筆すべき点は、マネジメント職とスペシャリスト職を分化させていることだ（図表5-1）。

　職務評価の仕組み上では、マネジメントであってもスペシャリストであっても、同様の基準で評価することは可能である。しかし、スペシャリストを職種として分化させることによって、専門的な職務に対する会社の認知を明らかにし、専門志向の社員のキャリアパスを示すことができる。会社としても、高機能・高付加価値の製品開発や生産革新の推進をリードするスペシャリストの創出は、中期経営計画を実現するための重要テーマであった。

　スペシャリストといっても、マネジメント同様に職務価値が基軸に置かれている。本人の専門性の高さへの能力判断ではない。あくまでも、職務価値ベースである。職務に求められる専門性の度合いや、問題解決の難しさ、会社への貢献価値などを考慮して、等級格付けはおこなって

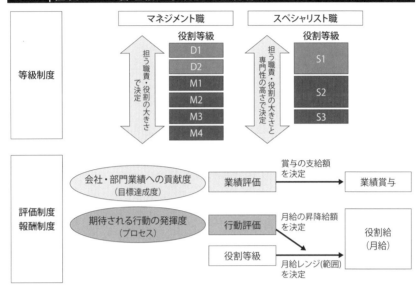

いる。特にスペシャリストの場合、ヒトと職務が一体化しがちであるが、ヒトが従事する「職務」に意識をおいて等級格付けをおこなっている。

この制度導入に先駆け、出向者を除く全管理職で職務記述書の整備をおこなった。職務記述書の狙いは、全管理職が「自分の職務とは何か」を言語化することにより、改めて個々の職務に向き合うことにあった。導入時には整備・運用の負荷を考慮し、「職務の目的」と「成果責任」に絞り込んだシンプルな職務記述書でスタートした。コロナ禍も重なったため、職務記述書の書き方セミナーを動画撮影し、管理職に配信することでリテラシー教育をおこなった。職務記述書は各部門内でレビューを進め、人事部門で回収するプロセスにした。年に1回、目標設定とあわせてレビューするプロセスとしている。これにより、適宜、職務記述書をアップデートし、形骸化しないようにしている。

また、導入に合わせ、全社横断的な人事委員会を立ち上げた。従来は

組織設計や人材配置は各部門に権限があったが、全社的な統制をはかる機能を人事委員会が持つようにした。人事委員会では、部組織・部長ポスト（D等級）相当の設置・人材配置についての意思決定がなされている。決して、組織変更や異動の追認ではなく、その必要性や妥当性を審議している。これにより、組織設計や人材配置の妥当性・透明性が担保できている。

◎業績評価と行動評価の組み合わせと報酬反映

　住友ゴムにおける人事制度改革の大きなポイントは、評価制度と報酬反映にある。従来の同社の人事制度は目標管理制度1本であり、評価の反映先は賞与のみであった。そのため、短期業績への意識づけが強く、組織全体にかけられる業績達成プレッシャーが高くならざるを得なかった。

　新人事制度においては、結果を目標管理によって評価する業績評価に加え、プロセスを評価する行動評価を新設した。行動評価は新たに策定した企業理念体系（Our Philosophy）をもとに基準化をおこなった。その企業理念体系（Our Philosophy）とは、住友ゴムの存在意義（Purpose）、住友ゴムの信念（Story）、住友ゴムのありたい姿（Vision）、住友ゴムの1人ひとりが大切にする価値観（住友ゴムWAY）を体系化したものだ。企業理念体系をもとにした行動評価をおこなうことで、企業理念に沿った行動へと社員を促進することを目的としている。

　また、行動評価の結果は、給与に反映される。給与は範囲給とし、その範囲給のなかで昇降給をする仕組みとしている。従来は、評価結果が直接、給与に反映されていなかったため、これは大きな変化点である。給与は、等級制度によって幅が決まり、行動評価によって増減する。これにより、管理職への期待行動を安定的に発揮することを求めるとともに、中長期の動機づけをおこなう。行動評価の導入と給与への反映は、管理職の意識変革の大きなカギともいえるだろう。

◎事業戦略を基軸にした要員計画、個々に合わせた人材育成へのシフト

　住友ゴムでは、ジョブ型人事制度を人事プラットフォームとして、人材マネジメントのあり方も変化させつつある。まず、大きなポイントとしては、事業戦略を基軸にした要員計画への取り組みだ。従来は、各部門へ配属された人員をベースとして事業戦略を組み立てていた。しかし、今後は事業戦略を起点として、必要な人員・スペックを明らかにし、配置をおこなっていく。それに向け、管理職層について事業戦略起点で捉え、3年程度のスパンで必要なポジション数と配置すべき人材要件を可視化する取り組みをおこなっている。事業戦略を基軸として必要な組織・職務を設計し、適切な人員を配置する取り組みであり、まさに「適所適材」の人材マネジメントといえる。

　この要員計画の取り組みは、人材育成とも連動している。従来は階層型研修をおこなっていたが、人材配置も含めて個々人に合わせた人材育成の取り組みをスタートさせている。そのために着手しているのが、ヒトの情報の収集・蓄積である。対象社員の自己回答による性格特性や360度観察による行動アセスメントなどをおこなうことで、ヒトの情報を可視化している。これらの結果を踏まえ、部門内で複数のリーダーがメンバーの中期的な成長ゴールの設定や直近のアサイメント、スキル開発テーマなどを検討する。この人材育成のキーとなるのも職務である。どのような職務機会があるかを棚卸しすることで、個人の成長につながる機会とマッチングをおこなうことができる。個々人の育成課題を把握し、個々人ごとにテーラーメイドの教育施策や配置をおこなおうとするものだ。この取り組みはまだスタートしたばかりではあるが、これから人事のデジタルプラットフォームの活用をおこないながら、さらに改善・改良を重ねていく予定である。

　この他にも管理職のジョブ型人事制度を核として、様々な取り組みを意欲的におこなっている。代表的なものは、福利厚生制度・退職金年金

制度の見直しや非管理職の人事制度改定だ。従来の福利厚生制度や退職金年金制度は、特定の昭和型社員モデルを前提とした生活保障の意味合いが強いものであった。もちろん、生活保障の意味合いを完全になくすわけではないが、職務遂行に必要な環境提供や多様な社員の活躍支援の観点で見直しをスタートさせている。また、非管理職の人事制度においても、職務要素を組み込む改定を検討中である。これらは、今後の検討次第ではあるが、「職務」が重要な要素となることはいうまでもない。

◎人事部門の戦略機能の強化

　管理職のジョブ型人事制度を契機として、同社の人事部門に求められる戦略性は高まっている。例えば、組織設計や異動の発令1つとっても、それらが事業戦略上、必要なものかどうかを人事部門は確認している。当然ながら、妥当性の判断をするためには、人事部門も事業戦略の理解が必須となる。また、ジョブ型人事制度を基盤として、様々な人事諸制度や教育施策を講じているが、全ては経営・事業成長を目的としたものである。人事部門は組織・人事の専門機能として、経営・事業戦略を支える最適な提案が求められているのだ。

　以上のジョブ型人事制度の取り組みを含めて同社の人事施策全般について、井川潔・執行役員人事総務本部人事部長は次のように語る。

　「管理職を対象としたジョブ型人事制度の導入は、住友ゴムの人事改革のスタートでしかありません。経営から人事部門への期待は、確実に高度・複雑化しています。人事部門は人事オペレーションを着実・確実にこなしていればよいわけではありません。経営・事業戦略に対して、組織・人事の観点で実現を強力にバックアップしていくことが問われています。経営から頼られる人事部門へと変革していくことが、私たちのチャレンジといえるでしょう。」

　住友ゴムは、本書でも解説しているポイントが多く盛り込まれており、比較的オーソドックスな制度改定に見える。しかし、ジョブ型人事制度の構築だけではなく、要員計画や人材育成をはじめとした人材マネジメ

ントそのものの変革を志向していることから、同社のヒトと経営をつなぐ想いが窺われる。ジョブ型人事制度の定石をきちんと押さえつつ、着実に企業変革に取り組んでいる点では、この制度を運用中または導入を検討中の企業には参考になる事例ではないだろうか。

自社にフィットする人事制度の追求

川崎重工業

◎経営課題としてのビジネスモデルの転換

　川崎重工業（以下、川崎重工）は1878年に創業し、造船・鉄道車両システム・航空機等の輸送用機器をはじめ、各種産業用機械、モーターサイクル、エネルギー環境プラントと幅広く事業を展開している企業だ。同社では2020年に「グループビジョン2030」を掲げ、今後の注力フィールドを3つに定めた。

1. 安全安心リモート社会
2. 近未来モビリティ
3. エネルギー・環境ソリューション

　これに伴い、遠隔手術支援ロボットの開発やPCR検査事業の展開、無人物流システムの構築、配送ロボットの開発、極低温技術を応用した水素エネルギーの普及など、様々な取り組みをスタートさせている。また、既存事業についても、カンパニーの再編などをおこない、事業ポートフォリオ自体を大きく組み替えている。

　川崎重工における人事改革の目的の1つは、この「グループビジョン2030」の実現を加速させるものである。以下の基本方針に基づき、2021年7月に幹部社員（管理職）向けの人事制度を構築・導入した。なお、同社では、2021年4月に一般従業員の人事制度改定もおこなった。

1. 個々の能力を踏まえ、適正配置と役割に応じた処遇の徹底による経営資源の最適配分
2. 全社ベースでの人財の最適配置と組織の壁を越えた人財流動性の

向上

3. 将来の経営幹部育成のための配置や抜擢人事を推進するための人事管理基盤の構築

4. タフアサイメントへの挑戦を促し、その成果を評価する土壌の創出

5. 具体的成果に対する適正かつ適時の評価および還元による目標達成意欲の向上

幹部職員4000人の人事制度の核となる仕組みは「役割等級」である。川崎重工における役割等級は一般的な役割等級とは異なり、独自性がある。個々の職務を職務評価した職務等級と会社への貢献度の高い目標（バリューアップ目標）を反映したバリューアップ区分をあわせ、「役割等級」と呼んでいる。これは、職務評価によって固定的になりがちな職務等級に目標管理に応じた等級の柔軟性を持たせることで、幹部職員のバリューアップにつながる価値の高い目標を引き出し、チャレンジとコミットメントを促す仕組みである。この川崎重工流の役割等級と目標管理（基本目標＋バリューアップ目標）を、報酬（役割給・賞与）に反映させることで、職責や貢献度に応じた適正処遇を実現している。「役割等級」という名称ではあるが、職務を基軸に置いたジョブ型人事制度である。

会社全体がビジネスモデルを転換していくなかで、幹部社員により高い職務価値の職務への挑戦を求め、報いていくことで、経営革新を前進させていくことが制度改定の大きな狙いとなっている（図表5-2）。

◎職務遂行に最適な人材の配置

川崎重工のユニークな点として、個々の職務への配置を決定するために「行動特性区分」を持っていることがある。この行動特性区分は、従来型の職能資格等級ではない。期待する人材像をもとに求められるコンピテンシーを行動特性基準に落とし込み、その発揮度を評価するものである。行動特性区分は洗い替え方式であり、毎年、見直しがおこなわれる。

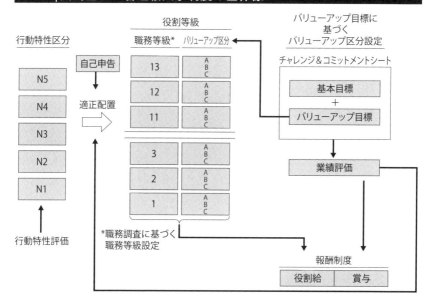

図表5-2 | 川崎重工―管理職人事制度の全体像

つまり、行動特性区分はアップダウンする。そして、個々の職務への配置と、行動特性区分は連動させている。職務等級と行動特性区分には対応関係が示されており、原則的には、特定ポストへの人材配置は対応する行動特性区分の人材から配置される。職務価値の大きい職務へ配置する人材は、相応の高い行動特性レベルが認められた人材でなければならないのだ。あまり厳密な運用をおこなっていると人材供給がうまくいかなくなることもあるため、上下1つくらいのズレは許容する柔軟な運用としているが、根本的な思想は「**職務にふさわしい人材を配置する**(適所適材)」にある。

実際に、ギャップがある場合には、そのギャップをそのままにはしない。本人の行動レベルが高いにもかかわらず低い職務についている場合はミスマッチになるので、できるだけ相応の職務への配置転換をおこなう。本人の行動レベルより高い職務に任用されている場合には、しっかりと教育投資や指導をおこなう。そのうえで、職務遂行が可能な人材か

を見極め、必要に応じて配置転換を検討する。

　まさに「適所適材」の人材配置であるが、行動特性区分が年功的運用に陥らないことが大前提である。そのために様々な工夫をこらしている。行動特性区分と報酬の直接的な連動を排除している点は、その工夫の1つである。あわせて行動特性区分の評価基準の具体化をおこなっている。評価基準の抽象度が高いと、解釈の幅ができてしまう。そこで、具体的な行動事例のレベルまで徹底的に言語化し、解釈のバラツキが起きにくくしたのだ。

　また、行動特性区分の評価は最終的には評価者がおこなうが、360度サーベイをおこなうことで、被評価者の評価情報を充実させている。これにより評価者が被評価者の周囲の捉え方が把握でき、評価の精度を高めている。あわせて、全社人財マネジメント委員会・カンパニー人財マネジメント委員会といった審議組織によって、目線合わせをおこなっている。これらの審議機関では、被評価者の「行動事実」にもとづき、徹底的に行動特性区分の妥当性が議論される。こうした運用努力により、年功的な人事運用が入り込む余地を排除している。

◎「あるべき」を目指した職務記述書の整備

　職務記述書は、新制度導入と同時におこなうのではなく、少しタイムラグを持って整備に取り組んでいる。新人事制度の導入は2021年7月だが、本稿取材の同年12月時点では職務記述書の整備の段階にあった。タイムラグの最大の理由は、スピード感である。経営改革を待ったなしで進めていくために、まずはジョブ型人事制度である新制度を導入することを優先し、職務記述書については腰を据えて、じっくりと取り組んでいく判断をしたのだ。

　その考えのもと、4000のポジションに対して、職務記述書の整備を推進している。2021年秋には職務記述書のトライアル整備を先駆けておこなっており、そこでの学びを踏まえ、本格的に推進している。

　進め方は次のとおりだ。人事部門から、職務記述書作成にあたっての

ガイドラインや職種別サンプルを提供し、各カンパニーに展開を依頼する。現職者が起案し、カンパニー人事を中心にカンパニー内で確認・精査をおこなう。本社人事も、起案された職務記述書の内容を確認するプロセスとなっている。これにより、職務記述書の内容・質のバラツキを起こりにくくさせている。

　ジョブ型人材マネジメント・ジョブ型人事制度へと移行しているとはいえ、導入間もないため、属人的な職務は存在する。本来職務に求められるものや、職務評価の妥当性などの協議・検証を重ねながら、職務についての共通認識を構築しつつある。これらは、あるべき職務内容や役割分担を議論することでもあり、責任・権限や業務プロセスの清流化を期待できる取り組みといえる。

◎人材育成・配置のガバナンス

　川崎重工では、全社横断的な人材流動化と将来の経営幹部候補育成や抜擢人事をおこなうために、幹部ポストの1割近くは全社人財マネジメント委員会の管理対象としている。全社人財マネジメント委員会では、社長を筆頭にカンパニープレジデントを交えた構成となっており、キーポジション・キータレントについての育成・配置を検討している。同様にカンパニー人財マネジメント委員会では、カンパニープレジデントを筆頭にカンパニー内の人材配置や人材育成などを取り扱っている。これにより、人材配置に対する公正性を担保するとともに、全社・カンパニーの双方のニーズを踏まえた最適配置・育成をおこなっているのである。

　同社では、目標管理による評価は「絶対評価」としている。絶対評価をおこなううえでも、人財マネジメント委員会が重要な役割を果たしている。既に触れたように、同社では会社への貢献度の高い目標（バリューアップ目標）を判定し、「役割等級」に反映している。全社人財マネジメント委員会では、管理対象となる400ポジションのバリューアップ目標を全てレビューしている。カンパニー間の甘辛が起きていな

いか、特定の技術を低く見積もりすぎていないか等の意見交換をおこないながら、個々の目標のレベル認識を擦り合わせていくのだ。期末にはその目標の達成度を評価するが、他者と比較して相対的に評価をおこなうのではない。あくまでも、「期初に設定した目標をどこまで達成したか」という絶対評価に基づく。期初段階で、全社人財マネジメント委員会で、難度の整合性がとれているからこそ、可能な仕組みともいえよう。カンパニー内では、カンパニー人財マネジメント委員会で同様のプロセスが展開されている。このように、目標の基準を徹底的に擦り合わせるプロセスを持つことが、絶対評価の大前提となっているのだ。

　川崎重工において、全社人財マネジメント委員会・カンパニー人財マネジメント委員会を持つこと自体が大きな意味合いを持っている。ジョブ型人材マネジメントにおいて、最も重要度の高い人材配置・人材育成の機能を管掌し、評価基準の統制や戦略的な人材配置などを全社・カンパニーレベルで推進する。これにより、ジョブ型人事制度に戦略的な意味合いを持たせているのだ。

◎**厳格な役職任期**

　川崎重工では、年齢等によらず能力・適性に応じた適正配置を掲げている。定年年齢を65歳に延長する一方で、58歳で役職定年となる「ラインオフ制度」を廃止した。そして、役職任期を上限5年間に改定し、これを厳格に運用することとしている。

　これは、「年齢」という要素をなくしつつ、新陳代謝をはかる取り組みといえる。シニアになっても活躍の意欲・能力が高く、継続的な貢献が見込まれる人材には、年齢にかかわらず活躍の場を与える。一方で、若手・中堅への活躍の機会を与えるためには、離任の仕組みは必要となる。そのため、役職に任期を持つことで、「自動更新」を前提としない離任の仕組みとなっている。

　任期終了後の取り扱いはヒトそれぞれである。シニア社員だけではなく、ライン責任者には全て任期が適用される。任期終了後に、新たなラ

イン責任の機会を得られるかどうかは、様々な要素の組み合わせで決定される。空いている（空きそうな）職務があり、任用が適切だと判断されれば任用される。もちろん、サクセッションプランの対象となる幹部社員の任用が優先されることも起こり得る。様々な要素を考慮し、離任後のオファーが決まってくるのである。

また、任期は権利ではない。任期が定められているからといって、「5年間は任期にいられる」わけではない。あくまでも最長期限であり、任期を全うできるかどうかは、実力次第となる。

日本企業では、人事運用に慣性の法則が働きやすい。特に任用続行は、ともすると定年までの続投を招きやすく、新陳代謝を起きにくくさせる。川崎重工では、ライン責任者の任期を設けることで、新陳代謝のきっかけをつくっているのだ。

◎自立的なキャリア形成の促進

ジョブポスティング（社内公募制度）による自立的なキャリア形成の促進は、同社における今後の重要テーマである。従来、会社が任用権を持って配置転換をおこなってきており、一気に手挙げ制度を展開していくにはハードルが高い。ましてや、新人事制度を導入し、全社・カンパニー人財マネジメント委員会を通じた戦略的な人材配置・人材育成がスタートしたタイミングでもあるため、スタート時点から制度化することは現実的にも難しい。

ただし、同社では、希望する人材を適切な職務につける取り組みは、実態的にスタートさせている。全社的に取り組まなければならない戦略性の高いプロジェクトを管轄する組織として、社長直轄プロジェクト本部を新設した。そこで、社長から各カンパニーにプロジェクトへの参画を希望する優秀な人材を募り、各カンパニー内から意欲ある人材を集めることとした。公式な制度ではないが、本人の意志を反映した任用といえるだろう。実際に、従来であればカンパニーから動かないであろう人材の配置も出てきている。今後は、社員の意識改革も含めて、仕組み化

していくことが大きな課題といえる。

◎自社流にあった仕組みを志向する

　同社の人材マネジメント・人事制度は、ジョブ型の要素を押さえながら、独自性のある仕組みを志向している。人事本部の尾崎学副本部長は人事制度変革の核心を次のように述べる。

　「私たちは、ジョブ型だからといって、教科書どおりに全てをそのまま導入したわけではありません。職能資格制度にも良い部分があり、ジョブ型制度にも良い部分がある。特定の形に固執するのではなく、川崎重工の根底に流れる本質に合ったものを導入したいという強い想いがあります。その点で、様々な制度の良いところを取り入れ、じっくりと検討し、川崎重工にフィットするものを取捨選択して導入したのです。」

　会社ごとに導入目的や課題意識は異なる。また、社員の意識のあり方も、会社ごとに異なる。人事制度改定に唯一絶対の解があるわけではない。自身の会社と向き合い、自社に合ったふさわしい仕組みを考えなければならない。川崎重工の取り組みは、そのことを具現化するものといえよう。

　以上の2社はいずれも、昨今のジョブ型ブームに便乗した制度改定ではなく、自社の課題解決を深く突き詰めた結果から推進されたものである。

　ジョブ型人事制度といっても、様々なかたちがある。自社にあった最適なかたちを見定めることが、最も重要なポイントであることは言うまでもないだろう。

おわりに

　本書は、ジョブ型に関わる雇用・人材マネジメント・人事制度を構造的に解説することを目指した書籍である。筆者は、長年にわたり、組織・人事のコンサルティングに関わってきた。ジョブ型人事制度の構築だけではなく、人事戦略立案や組織設計、人事制度構築や人材開発、M&Aや企業再生など、様々なテーマに携わってきた。

　毎年、様々な案件の組織・人事変革を支援していると、変革をうまくいかせるためのツボも見えてくる。そのなかの1つは、「共通認識の醸成」である。その変革のゴール、もたらされる効果、越えなければならないハードルなど、推進メンバーが共通認識を持ち、それを伝播させていくことで、大きな変革の力に結びつけていく。

　しかし、こと「ジョブ型」に関しては、この共通認識の醸成が非常に難しいように見受けられる。ヒトによって、理解度に大きなバラつきがあるからだ。筆者も様々な企業の会議に参加する機会があるが、議論がイマイチかみあわない会議を目にすることも珍しくない。ジョブ型雇用を礼賛する意見も出てくれば、従来の日本企業の人材マネジメントが損なわれることを懸念する意見も出てくる。解雇規制についての意見も出れば、成果報酬への意見も出てくる。それぞれが、ジョブ型に関連する意見なのだが、議論がかみあっていないのだ。

　これは、「ジョブ型」には様々な切り口により、見方が変わってくるからである。大きくは、雇用・人材マネジメント・人事制度の観点で、構造的に捉えなければ、全体像は見えてこない。この構造的な共通認識を持つことが非常に難しいのだ。

　本書が、タイトルに「日本版ジョブ型」と入れ、雇用・人材マネジメント・人事制度を取り扱ったのはこのためだ。日本社会の雇用法令や雇用慣習をきちんと踏まえたうえで、日本に適したジョブ型の構造を明ら

かにしたかったからである。また、実務面の参考になるようジョブ型人事制度の核となる職務評価・職務記述書は詳述するようにした。これにより、正しい理解と共通認識を持つことが容易になるだろう。

　本書の執筆にあたり、住友ゴム工業及び川崎重工業の人事部門の皆様には、丁寧に取材対応をいただいた。この場を借りて、感謝の意を表したい。両社の取り組みは、実際のジョブ型導入の最前線を明らかにしたものであり、日本企業の経営者・人事部門に対して、大いに参考になることを確信している。

　本書が、これからジョブ型を検討している日本企業において、共通認識醸成の役割を果たし、自社に合ったジョブ型を導入・運営していくことを心から願っている。

2022年2月

加藤 守和

加藤 守和（かとう もりかず）

コーン・フェリー 組織・人事コンサルティング部門シニアプリンシパル。一橋大学経済学部卒。シチズン時計、デロイトトーマツコンサルティング、日立コンサルティングを経て現職。人事領域における豊富な経験をもとに、組織設計、人事・退職金制度構築、M&A支援、リーダーシップ開発、各種研修構築・運営支援等、ハードとソフトの両面からの組織・人事改革を幅広く行う。著書に『ジョブ型人事制度の教科書』（共著、日本能率協会マネジメントセンター）、『「日本版ジョブ型」時代のキャリア戦略』（ダイヤモンド社）、『生産性向上に効くジョブ型人事制度』（日本生産性本部）、『VUCA 変化の時代を生き抜く7つの条件』（共著、日経BP）がある。

日本版ジョブ型人事ハンドブック

2022年3月10日　初版第1刷発行

著　者 —— 加藤 守和 ©2022 Morikazu Kato
発行者 —— 張 士洛
発行所 —— 日本能率協会マネジメントセンター
〒103-6009 東京都中央区日本橋 2-7-1　東京日本橋タワー
TEL 03(6362)4339(編集)／03(6362)4558(販売)
FAX 03(3272)8128(編集)／03(3272)8127(販売)
https://www.jmam.co.jp/

装　丁 —— 重原 隆
本文DTP —— 株式会社森の印刷屋
編集協力 —— 根本 浩美（赤羽編集工房）
印　刷　所 —— 広研印刷株式会社
製　本　所 —— ナショナル製本協同組合

ISBN978-4-8207-2994-5 C2034
落丁・乱丁はおとりかえします。
PRINTED IN JAPAN